녹려잡지

한국 유학의 새로운 전망

녹려잡지
한국 유학의 새로운 전망

2021년 1월 4일 초판 1쇄 인쇄
2021년 1월 8일 초판 1쇄 발행

지은이 | 임성주
옮긴이 | 한국주자학회
펴낸이 | 김영호
펴낸곳 | 도서출판 동연
편   집 | 김 구 박연숙 전영수 김율 디자인 | 황경실
등   록 | 제1-1383호(1992. 6. 12)
주   소 | 서울시 마포구 월드컵로 163-3
전   화 | (02)335-2630 전   송 | (02)335-2640
이메일 | yh4321@gmail.com
블로그 | https://blog.naver.com/dong-yeon-press

ISBN 978-89-6447-641-3 93150

鹿廬雜識

녹려잡지

한국 유학의 새로운 전망

임성주 지음 | 한국주자학회 옮김

동연

2019년 3월 13일 수요일 저녁 6시 30분, 한국주자학회에서 의욕적으로 시작한 「녹려잡지」 제1회 강독회가 열린 날입니다.

앞서 그해 1월 25일에 제2대 한국주자학회 회장으로 취임한 노인숙 교수님, 제1대 최영진 창립 회장님, 단윤진 재무이사님, 본인이 참여한 자리에서 본 학회의 중요한 목표 중 하나인 한국 성리학 연구의 심화에 기여할 수 있는 방안으로 한국 성리학 원전 강독회 진행과 이를 책임지고 진행할 한국성리학팀(이후 이사회 동의를 거쳐 한국성리학분과로 발족) 구성을 결의한 것이 시발이 되었습니다.

당시 강독회와 관련하여 공유한 의견으로는 1년여에 완독할 수 있는 철학성이 높은 미번역 저작을 우선적으로 강독하자는 것이었습니다. 그리하여 원전 강독회는 정확한 해석과 더불어 심도 있는 토론에 기반을 둔 철학적 원전 강독을 지향할 것이며, 강독 성과를 단행본으로 출판하자는 계획을 세웠습니다.

강독회의 역사적인 첫출발을 녹문(鹿門) 임성주(任聖周, 1711-1788)의 대표작으로 꼽히는 「녹려잡지」(鹿廬雜識)에서 시작했습니다. 「녹려잡지」는 철학성이 높은 미번역 저작으로 강독회의 취지에 아주 잘 부합했습니다.

임성주는 율곡학파의 맥을 이은 도암 이재(李縡, 1680-1746)의 제자로서 조선 성리학 육대가의 한 명으로 평가받는 인물로 조선 성리학의 또 다른 결을 보여줍니다. 임성주는 「녹려잡지」에서 시공간을 자유롭게 넘나들며 중국과 조선의 성리학자들을 다루고 있습니다. 임성주의 사유를 엿보는 것은 물론이고 성리학 기본 개념을 재검토해보고 토론하는 유익한 시간이 될 것으로 기대했습니다.

2020년 1월 8일 총 11회에 걸쳐 「녹려잡지」를 완독했습니다. 강독자들의 열정과 헌신에 학계 전문가와 애호가들의 토론과 참여가 어우러져 첫걸음을 성공적으로 마무리 지었습니다. 강독자들을 소개하면 다음과 같습니다. 배제성 박사(강독 당시는 박사생), 서정화 박사, 오진솔 박사생, 이명심 박사, 선병삼 박사입니다.

이제 작은 시작이 첫 열매를 맺는 시간이 되었습니다. 한 권의 책을 세상에 내놓습니다. 강독한 원고를 고치는 지난한 과정을 거친 옥고가 동연이라는 토기장이를 만나 아름다운 작품으로 만들어졌습니다. 모든 이들의 수고와 기대로 다진 보드라운 찰흙을 멋진 작품으로 만들어준 동연출판사에 감사를 드립니다.

　강독회 내내 후원과 격려를 아끼지 않으신 노인숙 2대 회장님, 해제를 손수 써서 독자들에게 길잡이를 마련해주신 최영진 초대 회장님 그리고 원고를 하나하나 꼼꼼히 윤문해주신 이광호 이사장님께도 뜨거운 감사를 올립니다.

　최선을 다했지만 그래도 부족한 부분이 없을 수 없습니다. 학계의 많은 질정을 바랍니다. 보내주신 질정과 격려를 바탕으로 더 좋은 작품을 만들도록 하겠습니다.

2020년 12월 20일

선병삼 (한국주자학회 한국성리학분과 위원장)

| 축하의 글 |

　　우리 한국주자학회 한국성리학분과에서 이번에 학술활동 성과물로 녹문 임성주의 「녹려잡지」 번역본을 출판하게 된 것을 진심으로 축하합니다. 자축의 의미가 실리다 보니 그 기쁨도 배가된 듯합니다.

　　돌아보면, 2015년 10월 한국주자학회가 창립된 이래 학회 학술활동으로 정기학술대회(연 2회)와 원전 강독회(월 1회) 두 가지를 추진해 왔습니다. 그 가운데 원전 강독은 『주자어류』(『중용』 부분)를 텍스트로 하여 진행해 오다가, 2019년 3월부터는 한국성리학분과에서 녹문 임성주의 「녹려잡지」 강독을 추가하게 되었습니다.

　　「녹려잡지」는 당시 성리학 내에서 철학적 쟁점 요소들을 주목하고 기존의 여러 유학자들의 관점을 비교 검토하면서 녹문 자신의 주장을 피력한 학술적 가치가 높은 책입니다. 비록 분량이 많지는 않지만 그 학술적 가치가 커서 이번 번역본의 출판이 갖는 의의는 그만큼 크다고 하겠습니다. 차제에 학회의 집체적 노력이 맺은 첫 결실인 만큼 향후 학계의 다양한 담론을 수반할 수 있기를 기대해 봅니다.

　　출판에 즈음하여 「녹려잡지」 번역을 앞에서 이끌어 주시고 가편(加鞭)의 지도를 더해 주신 이광호 이사장님, 최영진 초대 회장님 그리고 노인숙 전임 회장님께 감사드리고 한국성리학분과의 실질적 운영을 맡아 온 선병삼 교수께도 고마움을 표하고자 합니다. 물론 발제의 수고를 마다 않으신 여러 선생님들께 진심으로 찬사의 박수를 보냅니다.

끝으로 부단히 부족함을 메꾸고자 노력하는 우리의 귀한 열정과 성실함이 앞으로 반드시 더욱 값진 성과를 내리라 확신하면서 〈축하의 글〉에 갈음하고자 합니다.

2020년 12월 12일

정상봉 (한국주자학회 회장)

| 차례 |

일러두기

1. 이 책은 『녹문선생문집』 권19, 〈잡저〉 1-39면에 수록되어 있는
   「녹려잡지」(鹿廬雜識)를 기본 판본으로 하여 번역되었습니다.

2. 이 책의 소제목은 원문에는 없으나, 옮긴이가 독자의 이해를 돕기
   위해서 새로 작성하였습니다.

3. 원문의 간주는 【 】로 표시하였습니다.

4. 한국고전번역원 번역 용례를 참조하였습니다.

리는 자연이다

01   그렇게 하려고 하지 않아도 그렇게 되는 것은 원래 하나의 텅 비고 원만하며 성대한 사물이 있어서이다. 가득하고 광대하여 안팎도 없고 나뉨도 없고 끝도 없고 시종도 없이 전체가 '밝게 빛나며'[昭融][1] 온통 생의(生意)[2]가 쉼 없이 유행하여 헤아릴 수 없이 만물을 낳는다. 그 본체를 말하면 천(天),[3] 원기(元氣),[4] 호연지기(浩然之氣),[5] 태허 (太虛)[6]라 한다. 그 생의(生意)를 말하면 덕(德),[7] 원(元),[8] 천지지심

---

1) 소융(昭融): 『시경(詩經)』「대아(大雅)」기취(旣醉)편에 '소명유융'(昭明有融: 소명함이 매우 밝다)이 나온다. 『퇴계집』권42, 「정재기(靜齋記)」에 '소융'(昭融: 밝게 빛나다) 두 자가 보인다. "氣動而流於惡也, 理亦何嘗有一刻停息, 但爲 氣之所蔽, 故理不得昭融透徹, 主張發揮爾."

2) 생의(生意): 『이정유서(二程遺書)』권11, 「사훈(師訓)」에 생의(生意)를 설명 한 내용이 나온다. "'天地之大德曰生.' '天地絪縕, 萬物化醇.' '生之謂性.'【告子此 言是, 而謂犬之性猶牛之性, 牛之性猶犬之性, 則非也.】萬物之生意最可觀. 此元 者善之長也, 斯所謂仁也. 人與天地一物也, 而人特自小之何耶?

3) 천(天): 『녹문집(鹿門集)』권6, 「답박영숙(答朴永叔)에 임성주(任聖周)가 천 (天)을 설명한 내용이 나온다. "天字固當以上天看, 然又須知上天之天, 卽是理 之天, 非上天之外, 更別有所謂理之天也. 天體至大而至純, 故其德亦至大而至 純. 體卽是氣, 德卽是理, 器卽道道亦器也. 言天則氣與理皆在其中, 人稟是氣以 爲形, 則所謂浩然之氣也; 稟是理以爲性, 則所謂天命之性也. 以是氣配是理, 方 見性之眞箇至善. 說到于此, 或者之疑, 不辨自破矣."

4) 원기(元氣): 『녹문집(鹿門集)』권5, 「답이백눌(與李伯訥)에 임성주(任聖周)가 원기(元氣)를 설명한 내용이 나온다. "其充塞上下, 流行古今者, 渾是一團元氣, 生生不窮, 純一無雜者耳. 人物之生於其中者, 豈有一箇半箇不稟此元氣者乎."

5) 호연지기(浩然之氣): 『맹자』「공손추 상(公孫丑上)」에 호연지기(浩然之氣)를 설명한 내용이 나온다. "敢問何謂浩然之氣? (…) 其爲氣也, 至大至剛, 以直養而 無害, 則塞于天地之間. 其爲氣也, 配義與道, 無是, 餒也."

6) 태허(太虛): 『장재집(張載集)』「정몽(正蒙)」에 태허(太虛)를 설명한 내용이

(天地之心)9)이라 한다. 그 쉼 없이 유행함을 말하면 도(道),10) 건(乾)11)이라 한다. 그 헤아릴 수 없음을 말하면 신(神)12)이라 한다. 그렇게 하려고 하지 않아도 그렇게 되는 것을 말하면 명(命),13) 제(帝),14) 태극(太極)15)이라 한다. 요컨대 모두 텅 비고 원만하며 성대한 사물에 나아가 분별하여 명칭한 것으로 그 실질은 하나이다.【그렇게 하려고 하지 않아도 그렇게 되는 것은 곧 이른바 '저절로 그러함'[自然]이다.】

나온다. "太虛無形, 氣之本體, 其聚其散, 變化之客形爾."

7) 덕(德): 『주역(周易)』「계사전 하(繫辭傳下)」에 덕(德)을 설명한 내용이 나온다. "天地之大德曰生, 聖人之大寶曰位, 何以守位,曰仁."

8) 원(元): 『주역본의(周易本義)』건괘(乾卦)에 주자가 원(元)을 설명한 내용이 나온다. "元者生物之始, 天地之德,莫先於此. 故於時爲春,於人則爲仁而衆善之長也."

9) 천지지심(天地之心): 『주역(周易)』복괘(復卦)에 나온다. "復,其見天地之心乎."

10) 도(道): 『주역(周易)』「계사전 상(繫辭傳上)」에 도(道)를 설명한 내용이 나온다. "形而上者,謂之道; 形而下者,謂之器。(…) 一陰一陽之謂道, 繼之者善也, 成之者性也."

11) 건(乾): 『주역(周易)』「계사전 하(繫辭傳下)」에 건(乾)을 설명한 내용이 나온다. "夫乾, 天下之至健也, 德行恒易以知險; 夫坤, 天下之至順也, 德行恒簡以知阻."

12) 신(神): 『주역(周易)』「계사전 상(繫辭傳上)」에 나온다. "陰陽不測之謂神." 또 「설괘전(說卦傳)」에 나온다. "神也者, 妙萬物而爲言者也."

13) 명(命): 『북계자의(北溪字義)』명(命) 조목에 진순(陳淳)의 설명이 있다. "命, 猶令也, 如尊命台命之類. 天無言做, 如何命? 只是大化流行, 氣到這物便生這物, 氣到那物又生那物, 便是分付命令他一般."

14) 제(帝): 『역전(易傳)』건괘(乾卦)에 정이(程頤)가 제(帝)를 설명한 내용이 나온다. "夫天, 專言之則道也, 天且弗違是也. 分而言之, 則以形體謂之天, 以主宰謂之帝, 以功用謂之鬼神, 以妙用謂之神, 以性情謂之乾."

15) 태극(太極): 「태극도설해(太極圖說解)」에서 주자는 다음과 같이 설명한다. "上天之載, 無聲無臭, 而實造化之樞紐, 品彙之根柢也. 故曰'無極而太極', 非太極之外, 復有無極也."

莫之然而然, 自有一箇虛圓盛大底物事。块然浩然, 無內外, 無分段,
無邊際, 無始終, 而全體昭融, 都是生意, 流行不息, 生物不測。其體
則曰天, 曰元氣, 曰浩氣, 曰太虛, 其生意則曰德, 曰元, 曰天地之心,
其流行不息則曰道, 曰乾, 其不測則曰神, 其莫之然而然則曰命, 曰
帝, 曰太極。要之皆就這虛圓盛大物事上分別立名, 其實一也。【莫
之然而然, 卽所謂自然也。】

02   기(氣)가 있으면 형질(形質)이 있게 되는데, 기가 형질 속을
관통하여 형질이 동정(動靜)하고 소장(消長)함이 기 아닌 것이 없다.
하늘이 있으면 땅이 있는데, 하늘이 땅속을 관통하여 땅이 여닫고 낳고
기름이 하늘이 아닌 것이 없다. 그러므로 기와 형질이 대대(對待)하지만
그 실질을 궁구하면 형질은 곧 기에 포함되어 기에 상대가 없으며,
하늘과 땅이 대대하지만 그 근본을 미루어 보면 땅은 본래 하늘에 통괄
되어 하늘에 상대가 없는 것이다.

有氣則有形, 而氣貫乎形之中, 形之動靜消長, 莫非氣也; 有天則有
地, 而天通於地之內, 地之翕闢生養, 莫非天也。是故氣與形對, 而究
其實, 則形乃包乎氣, 而氣無對也; 天與地對, 而推其本, 則地自統於
天, 而天無對也。

03   『시경(詩經)』, 『서경(書經)』, 『주역(周易)』, 『논어(論語)』, 『맹자

『맹자(孟子)』, 『중용(中庸)』, 『대학(大學)』 중에서 천(天), 제(帝), 도(道), 덕(德), 심(心), 성(性), 신(神), 인(仁), 의(義) 등의 글자를 설한 것이 이루 다 셀 수 없지만 리(理) 자에 대해서는 경전에서 극히 말하지 않았다. 경전에 보이는 리 자는 단지 『주역』 「설괘전(說卦傳)」의 "이치[理]를 궁구하고 본성을 다한다",16) "성명(性命)의 이치[理]를 따른다",17) 「계사전(繫辭傳)」의 "천하의 이치[理]",18) 『맹자』의 "의리(義理)가 내 마음을 기쁘게 한다"19) 이런 것들일 뿐이다. 낙민(洛閩: 정자와 주자) 이래로 리 자가 비로소 크게 드러나자 천(天), 제(帝), 도(道), 덕(德) 등의 글자가 리 자에 가려져 이 리 자가 아니면 거의 말할 수 없게 되었고 이 학문을 하는 사람을 또한 이학(理學)으로 칭했다. 문자가 드러나고 묻히는 것이 또한 때가 있어서 그런 것이 아닌가?

> 《詩》, 《書》, 《易》, 《語》, 《孟》, 《庸》, 《學》中, 說天, 說帝, 說道德,
> 心性, 神, 仁, 義等字, 殆不可勝數, 而至於理字絶無稱焉。理字之見
> 於經, 僅《說卦》"窮理盡性", "順性命之理", 《繫辭》"天下之理", 《孟
> 子》"理義之悅我心", 如斯而止耳。自洛閩以來, 理字始大顯, 如天,

---

16) 이치[理]를 ~ 다한다: 『주역(周易)』 「설괘전(說卦傳)」에 나온다. "和順於道德 而理於義, 窮理盡性, 以至於命。"

17) 성명(性命)의 ~ 따른다: 『주역(周易)』 「설괘전(說卦傳)」에 나온다. "昔者聖 人之作易也, 將以順性命之理。是以, 立天之道曰陰與陽, 立地之道曰柔與剛, 立 人之道曰仁與義。"

18) 천하의 이치[理]: 『주역(周易)』 「계사전 상(繫辭傳上)」에 나온다. "易簡而天 下之理得矣, 天下之理得而成位乎其中矣。"

19) 의리(義理)가 ~ 기쁘게 한다: 『맹자(孟子)』 「고자 상(告子上)」에 나온다. "心 之所同然者, 何也? 謂理也義也。聖人先得我心之所同然耳, 故理義之悅我心, 猶 芻豢之悅我口。"

帝, 道德等字, 無不以理字蔽之, 非此字, 則幾無以言, 而人之爲此學
者, 亦以理學稱之。文字之顯晦, 亦有時而然歟。

04 　주자(朱子, 1130-1200)[20]가 천(天)을 리(理)로 풀이한 것[21]이
바로 한 번 음하고 한 번 양함을 도(道)라고 한 것과 같으니 곧 "기(器)도
도(道)이고 도 또한 기이다"[22]라는 묘리를 밝힌 것인데, 어리석은 자들
이 이를 깨닫지 못하고 도리어 창창(蒼蒼)한 하늘이 천이 아니고 창창한
하늘 위에 별도로 그렇게 되게 하는 바의 이치를 천이라 하니 허망함이
이보다 심한 것이 없다. 원래 하늘은 단지 창창한 것이니 창창한 것이
바로 리(理)이고, 음양은 단지 음양이니 음양이 바로 도이다. 도리를
아는 자는 응당 속으로 알 것이다. 【『중용』 29장 장구(章句)에서 "천지
가 도이다"[23] 했는데, 그 의미도 이와 같다.】

---

20) 주자(朱子): 주희(朱熹, 1130-1200)는 자는 원회(元晦)이고 호는 회암(晦
庵)이며 시호는 문공(文公)이다.

21) 천(天)을 ~ 풀이한 것: 『주자어류(朱子語類)』 권5, 「성리2(性理二)」에서 주
자가 제자와 문답한 내용이 나온다. "問: '天與命, 性與理, 四者之別: 天則就其
自然而言之, 命則就其流行而賦於物者言之, 性則就其全體而萬物所得以爲生者
言之, 理則就其事事物物各有其則者言之。到得合而言之, 則天卽理也, 命卽性
也, 性卽理也, 是如此否?' 曰: '然。但如今人說, 天非蒼蒼之謂, 據某看來, 亦捨不
得這箇蒼蒼底。'"

22) 기(器)도 ~ 기이다: 『주자어류(朱子語類)』 권77, 「역13(易十三)」에서 주자가
제자와 문답한 내용이 나온다. "問: '立天之道曰陰陽, 道, 理也, 陰陽, 氣也, 何故
以陰陽爲道?' 曰: '形而上者謂之道, 形而下者謂之器, 明道以爲須着如此說, 然
器亦道, 道亦器也。道未嘗離乎器, 道亦只是器之理。如這交椅是器, 可坐便是交
椅之理; 人身是器, 語言動作便是人之理。理只在器上, 理與器未嘗相離, 所以一
陰一陽之謂道。'"

23) 천지가 도이다: 『중용장구(中庸章句)』 29장에서 주자가 설명한 내용이다. "天

朱子訓天以理, 正如以一陰一陽爲道, 正所以發明"器亦道, 道亦器"
之妙, 而昧者不知, 反謂蒼蒼者非天, 而蒼蒼上面別有所以然之理爲
天, 虛莫甚焉。原來天只是蒼蒼者, 而蒼蒼者便是理; 陰陽只是陰陽,
而陰陽便是道。知者自當默識之。【《中庸》二十九章, 《章句》云: "天
地者, 道也。" 其意亦同。】

05　『역전(易傳)』에 이르기를 "천(天)은 건(乾)의 형체이고 건은 천
의 성정(性情: 속성)이다"[24]라고 했는데, 이는 천과 건을 상대하여 말했
기 때문에 이런 것이지 기실은 천을 말하면 형체와 성정이 모두 그
안에 있는 것이다.

　　《易傳》曰: "天者, 乾之形體; 乾者, 天之性情。" 此以天與乾對言, 故
　　如是耳。其實言天, 則形體'性情, 都在其中。

06　일찍이 리(理) 자의 뜻을 생각해 보았는데 모름지기 자연(自
然)[25] 두 글자라야 극진할 것이니, 당연(當然)과 소이연(所以然) 같은

　地者, 道也; 鬼神者, 造化之迹也。"

24) 천(天)은 ~ 성정이다: 『역전(易傳)』 건괘(建卦)에 정이(程頤)가 설명한 내용
　　이다. "乾, 天也, 天者, 天之形體, 乾者, 天之性情。"

25) 자연(自然): 『주자언론동이고(朱子言論同異攷)』에 한원진(韓元震)이 주자의
　　글을 인용하며 당연(當然)과 자연(自然)의 관계를 설명한 내용이 나온다. "陳
　　安卿問: '理有能然必然當然自然。' 答曰: '此意甚備。且要見得所當然是要切處,

것도 그 귀결되는 곳을 찾아보면 모두 자연이다. 아들이 효도하고 부모
가 자애롭고 군주가 인자하고 신하가 공경함이 이른바 당연한 것이지만
이것들은 모두 천명과 인심의 '저절로 그러함'[自然]에서 나와 그칠 수
없는 것으로 바로 이른바 '그렇게 되는 까닭'[所以然之故]이라는 것이
다.26) 만약 그렇지 않다면 어떻게 아들이 반드시 효도하고 부모가 반드
시 자애롭고 군주가 반드시 인자하고 신하가 반드시 공경함을 볼 수
있겠는가? 오직 저절로 그러하여 그칠 수 없기 때문에 이에 '마땅히
그렇게 하고'[當然] 바꿀 수 없음을 보게 된다. 이것은 성인의 마음에
나아가 살펴본다면 분명히 알 수 있다.

> 嘗思理字之義, 須自然二字乃盡, 如當然´所以然, 要其歸皆自然也.
> 蓋子孝, 父慈, 君仁, 臣敬, 是所謂當然, 而此皆出於天命人心之自然
> 而不容已者, 是卽所謂所以然之故也. 苟非然者, 何由以見其子而
> 必當孝, 父而必當慈, 君而必當仁, 臣而必當敬乎? 唯其自然而不容
> 已, 乃見其當然而不可易, 此只就聖人之心觀之, 可曉然矣.

若果得不容已處, 卽自可默會矣.' 按, 不容已處, 深體味之, 則見得能然必然自然
之意, 皆不外此, 不獨當然之意也.”
26) 이것들은 ~ 것이다.『주자어류(朱子語類)』권17,「대학4(大學四)」에 주자가
제자와 문답한 내용이 있다. “或問: '莫不有以見其所當然而不容已, 與其所以然
而不可易者.' 先生問: '每常如何看?' 廣曰: '所以然而不可易者, 是指理而言; 所
當然而不容已者, 是指人心而言.' 曰: '下句只是指事而言, 凡事固有所當然而不
容已者. 然又當求其所以然者何故, 其所以然者, 理也, 理如此, 固不可易. 又如
人見赤子入井, 皆有怵惕惻隱之心, 此其事所當然而不容已者也. 然其所以如此
者何故, 必有箇道理之不可易者.'”

기일분수라고 해도 안 될 것이 없다

07-1 이기(理氣)의 설은 정자(程子)와 주자가 밝힌 뒤로 분명하게 밝혀져 미진한 점이 없지만 그 말함에 혹은 대증(對證)하면서 가리킨 것이 다르기도 하고 혹은 내키는 대로 말한 것이 있으니 만약 마음속으로 알고 깨닫지 못하면서 단지 글귀 사이에서 말류를 캐고 그림자를 쫓는다면 착오가 없을 수 없다.

> 理氣之說, 自經程, 朱發明, 太煞顯煥, 更無餘蘊。但其爲說, 或對證異指, 或隨意放言, 苟非默識妙契, 而徒尋流逐影於句字之間, 則未有不差謬者也。

07-2 삼가 생각해 보건대 우주에서 상하를 관통하고 내외도 없고 시종도 없이 가득히 편만하면서 허다한 조화를 이루고 무수한 사람과 사물을 낳는 것은 단지 하나의 기(氣)일 뿐이니, 다시 리(理) 자를 둘 조금의 빈틈도 없다. 다만 그 기가 이처럼 성대하고 작용함을 누가 시킨 것인가? 저절로 그렇게 된 것일 뿐인데, 이 저절로 그러한 데에 나아가 성인이 도(道)라고 리라고 이름한 것이다. 또한 그 기는 본래 텅 빈 사물이 아니니 전체가 밝게 빛나며 표리가 통철하여 온통 생의(生意)이다. 그러므로 이 기가 한 번 움직임에 만물을 발생시키고 한 번 고요함에 만물을 수렴하는데, 발생하면 원(元)과 형(亨)이 되고 수렴하

면 이(利)와 정(貞)이 된다. 이것이 기의 속성[性情]으로 '저절로 그러함'
[自然]에서 나와 '마땅히 그러함'[當然]의 법칙이 된다. 이 당연처에 나아
가서 성인이 이를 도라고 리라고 이름 하였다. 그러나 자연이니 당연이
니 하는 것이 별도의 경계가 있지 않고 다만 기에 나아가 말한 것일
뿐이니 연(然) 자는 바로 기를 가리키고 자(自) 자와 당(當) 자는 명목상
그 의미를 형용한 것에 불과하다. 만약 이 의미를 안다면 혹 기를 가리켜
리라고 하더라도 또한 안 될 것이 없다.

> 盖竊思之, 宇宙之間, 直上直下, 無內無外, 無始無終, 充塞彌漫, 做
> 出許多造化, 生得許多人物者, 只是一箇氣耳, 更無些子空隙可安排
> 理字. 特其氣之能如是盛大, 如是作用者, 是孰使之哉? 不過曰自然
> 而然耳. 卽此自然處, 聖人名之曰道, 曰理. 且其氣也, 元非空底物
> 事, 全體昭融, 表裏洞徹者, 都是生意. 故此氣一動而發生萬物, 一靜
> 而收斂萬物; 發生則爲元爲亨, 收斂則爲利爲貞, 此乃氣之性情, 出
> 於自然而爲當然之則者也. 卽此當然處, 聖人又名之曰道, 曰理. 然
> 而其所謂自然當然者, 亦非別有地界, 只是就氣上言之. 然字正指
> 氣, 而自字, 當字不過虛設而形容其意思而已. 苟能識得此意思, 則
> 雖或指氣爲理, 亦未爲不可也.

07-3 나정암(羅整庵, 나흠순: 1465-1547)[27]이 "한 번 음하고 한 번

---

27) 나정암(羅整庵): 나흠순(羅欽順, 1465-1547)은 자는 윤승(允升)이고 호는
   정암(整庵)이며 시호는 문장(文莊)이다.

양하는 것을 도라고 한다"28)를 논하면서 정명도(程明道, 정호:
1032-1085)29) 선생의 "원래 다만 이것이 도(道)일 뿐이다"30)는 이
한 마디 말을 아주 좋아하고 정이천(程伊川, 정이: 1033-1107)31)의 소이
(所以) 두 글자는 미진하다 했는데,32) 추론이 비록 지나친 면이 있지만
그 본 바는 진실로 탁월하다. 지금 사람들은 이 뜻을 알지 못하고 다만
주자의 "결단코 두 가지 물건이다"33)라는 말만을 믿어서 종종 정말로
리와 기를 두 가지 물건으로 여기며 심지어는 대본(大本)에 기질의 탁박

---

28) 한 번 ~ 한다:『周易』「계사전 상(繫辭傳上)」에 나온다. "一陰一陽之謂道,繼之
　　者善也, 成之者性也."

29) 정명도(程明道): 정호(程顥, 1032-1085)는 자는 백순(伯淳)이고 호는 명도
　　(明道)이며 시호는 순공(純公)이다.

30) 원래 ~ 뿐이다:『이정유서(二程遺書)』卷11,「사훈(師訓)」에 나온다. "繫辭
　　曰: '形而上者謂之道, 形而下者謂之器.' 又曰: '立天之道曰陰與陽, 立地之道曰
　　柔與剛, 立人之道曰仁與義.' 又曰: '一陰一陽之謂道.' 陰陽亦形而下者也而曰
　　道者, 惟此語截得上下最分明, 元來只此是道, 要在人黙而識之也."

31) 정이천(程伊川): 정이(程頤, 1033-1107)는 자는 정숙(正叔)이고 호는 이천
　　(伊川)이며 시호는 정공(正公)이다.

32) 나정암(羅整庵)이 ~ 했는데:『곤지기(困知記)』권상에 나흠순(羅欽順)이 설
　　명한 내용이다. "程伯子言之最精, 叔子與朱子似乎小有未合. (…) 程伯子嘗歷
　　擧《繫辭》'形而上者謂之道, 形而下者謂之器.' '立天之道曰陰與陽, 立地之道曰
　　柔與剛, 立人之道曰仁與義.' '一陰一陽之謂道.' 乃從而申之曰: '陰陽亦形而下
　　者也而曰道者, 惟此語截得上下最分明, 元來只此是道, 要在人黙而識之也.' 學
　　者試以此言潛玩精思, 久久自當有見. 所謂叔子小有未合者, 劉元承記其語有云:
　　'所以陰陽者道.' 又云: '所以闔闢者道.' 竊詳'所以'二字, 固指言形而上者, 然未
　　免微有二物之嫌. 以伯子'元來只此是道'之語觀之, 自見渾然之妙, 似不須更着
　　'所以'字也."

33) 결단코 ~ 물건이다:『주희집(朱熹集)』권46,「답유숙문(答劉叔文)」에 나온
　　다. "所謂理與氣, 此決是二物. 但在物上看, 則二物渾淪, 不可分開各在一處, 然
　　不害二物之各爲一物也. 若在理上看, 則雖未有物而已有物之理, 然亦但有其理
　　而已, 未嘗實有是物也."

(濁駁)이라는 말을 붙이고 "기(氣)의 악함이 본성의 선함을 해치지 않는
다"34) 하니 참으로 개탄스럽다.

> 羅整庵論一陰一陽之謂道, 甚愛明道先生"元來只此是道"一語, 而
> 以伊川所以二字爲未盡. 推之雖或太過, 其見處誠卓然矣. 今人不
> 識此意, 只信朱子決是二物之語, 往往眞以理氣爲有兩箇物事, 甚至
> 大本上安氣質駁濁字, 以爲氣之惡, 無害於性之善, 良亦可哀也夫.

08　　만리(萬理)가 만상(萬象)이고, 오상(五常)이 오행(五行)이고, 건
순(健順)이 양의(兩儀)이고, 태극(太極)이 원기(元氣)라는 것은 모두
기(氣)에 나아가 그것을 명명한 것이다. 지금 사람들은 항상 이일분수
(理一分殊: 이치는 하나이고 나뉨에 다르다)를 이동기이(理同氣異: 이치는 같고
기는 다르다)35)로 이해하는데, 이치가 하나인 것이 저 기가 하나인 데에
서 드러남을 전혀 알지 못한다. 만약 기가 하나가 아니면 어디서 그
리(理)가 반드시 하나임을 알 수 있으랴. 이일분수라는 것은 리를 주로
하여 말한 것이니 분(分) 자 또한 마땅히 리에 소속되어야 한다. 만약
기를 주로 하여 말한다면 기일분수(氣一分殊: 기가 하나이고 나뉨에 다르다)

---

34) 기(氣)의 ~ 않는다: 『남당집(南塘集)』 권9, 「답최성중(答崔成仲)」에 나온다.
　　"以愚觀之, 則所謂未發之際, 純善無惡者, 乃單指理而言也. 此旣單指理而謂之
　　性善, 則彼之兼指氣而謂之性有善惡者, 自爲一說而不干於此矣. 何害其所謂性
　　善者哉?"

35) 이동기이(理同氣異): 『주희집(朱熹集)』 권46, 「답황상백(答黃商伯)」에 나온
　　다. "論萬物之一原, 則理同而氣異; 觀萬物之異體, 則氣猶相近而理絶不同也."

라고 말해도 안 될 것이 없다.

萬理萬象也, 五常五行也, 健順兩儀也, 太極元氣也, 皆卽氣而名之
者也。今人每以理一分殊, 認作理同氣異, 殊不知理之一, 卽夫氣之
一而見焉。苟非氣之一, 從何而知其理之必一乎? 理一分殊者, 主理
而言, 分字亦當屬理。若主氣而言, 則曰氣一分殊, 亦無不可矣。

담일청허 한 기는 어디에도 있다

09　원기(元氣)[36]라는 것은 장자(張子, 장재: 1020-1077)[37]가 말한 태허(太虛)[38]와 태화(太和)[39]이고, 맹자가 말한 호연지기(浩然之氣)이다. 천지를 가득 채우고 고금에 유행하며 음양에서는 음양을 채우고 오행에서는 오행을 채우고 사람과 사물에서는 사람과 사물을 채우는데 비유하자면 물고기가 물속에서 그 뱃속에 온통 물을 채운 것과 같다. 율곡 선생(栗谷先生, 이이: 1536-1584)[40]이 일찍이 말하길 "담일청허(湛一淸虛)한 기(氣)는 있지 않은 곳이 많다"[41] 했는데 삼가 생각해 보니 그렇지 않은 것 같다. 비록 치우치고 막히고 악하고 탁한 곳일지라도 이 담일청허 한 기가 통투(通透)하지 않음이 없고 다만 형기(形氣)에

---

36) 원기(元氣): 주4에서 설명했다.

37) 장자(張子): 장재(張載, 1020-1077)는 자는 자후(子厚)이고 호는 횡거(橫渠)이며 시호는 명공(明公)이다.

38) 태허(太虛): 주6에서 설명했다.

39) 태화(太和):『장재집(張載集)』「정몽(正蒙)」에 나온다. "太和所謂道, 中涵浮沈, 升降, 動靜, 相感之性是生絪縕, 相盪, 勝負, 屈伸之始. 其來也幾微易簡, 其究也廣大堅固. 起知於易者乾乎! 效法於簡者坤乎! 散殊而可象爲氣, 淸通而不可象爲神. 不如野馬, 絪縕, 不足謂之太和."

40) 율곡 선생(栗谷先生): 이이(李珥, 1536-1584)는 자는 숙헌(叔獻)이고 호는 율곡(栗谷)이며 시호는 문성공(文成公)이다.

41) 담일청허(湛一淸虛) ~ 많다:『율곡전서(栗谷全書)』권10,「답성호원(答成浩原)」에 나온다. "花潭則聰明過人, (…) 其於理氣不相離之妙處, 瞭然目見, 非他人讀書依樣之比, 故便爲至樂, 以爲湛一淸之氣, 無物不在, 自以爲得千聖不盡傳之妙, 而殊不知向上更有理通氣局一節。繼善成性之理, 則無物不在, 而湛一淸之氣, 則多有不在者也."

국한되고 막혀 드러나 행할 수 없을 뿐이다. 【『주역(周易)』에 이르기를 "건도(乾道)가 변화함에 각각 성명(性命)을 바르게 하여 태화(太和)를 보합(保合)하니 이에 이롭고 바르다"[42] 했는데, 『본의(本義)』에서 이르기를 "태화(太和)는 음양이 모여서 조화로운 기(氣)이다"[43] 라고 했다.】

所謂元氣者, 卽張子所謂"太虛, 太和." 孟子所謂"浩然之氣." 充塞
天地, 流行古今, 在陰陽滿陰陽, 在五行滿五行, 在人物滿人物, 譬如
魚在水中而肚裏皆這水也。 栗谷先生嘗云: "湛一淸之氣, 多有不
在." 竊恐未然。 蓋雖偏塞惡濁處, 此氣則無不透, 特被形氣所局塞,
不能呈露而顯行焉爾。【《易》曰: "乾道變化, 各正性命, 保合太和, 乃
利貞." 本義云: "太和, 陰陽會合冲和之氣."】

10　맹자가 말하기를 "직(直)으로 길러 해치지 않으면 천지 사이를 가득 채운다"[44] 하였으니 이 말이 아주 좋다. 몸속을 가득 채우고 있는 것이 모두 이 기(氣)이고 천지의 기와 관통하여 하나가 되면 그 천지를

---

42) 건도(乾道)가 ~ 바르다:『주역(周易)』건괘(乾卦) 단전(象傳)에 나온다. "乾
　　道變化, 各正性命, 保合大和, 乃利貞."
43) 태화(太和)는 ~ 기(氣)이다:『주역(周易)』건괘(乾卦) "乾道變化, (…) 乃利
　　貞."에 대한 『주역본의(周易本意)』의 주자 주에 나온다. "變者, 化之漸; 化者,
　　變之成. 物所受爲性, 天所賦爲命. 大和, 陰陽會合冲和之氣也. 各正者, 得於有
　　生之初; 保合者, 全於已生之後. 此言乾道變化, 无所不利, 而萬物各得其性命以
　　自全, 以釋利貞之義也."
44) 직(直)으로 ~ 채운다:『맹자(孟子)』「공손추 상(公孫丑上)」에 나온다. "敢問:
　　'何謂浩然之氣?' 曰: '難言也, 其爲氣也, 至大至剛, 以直養而無害, 則塞于天地之
　　間.'"

가득 채운 기는 본디 기를 필요가 없다. 그러나 한 번이라도 사욕에 가려져서 스스로 마음에 만족스럽지 않고 주리게 되면 몸속을 가득 채우고 있다고 하는 것이 쇠락하고 결핍되어 그것이 있는 바를 알지 못하게 된다. 그러면 비록 천지와 하나의 기라고 말할지라도 또한 격절되어 둘로 나뉘는 것을 면치 못한다. 만약 배우는 자가 집의(集義)하여 기 기르기를 맹자의 말처럼 할 수 있다면, 이 몸속을 채우고 있는 본체가 곧 마땅히 확충되고 결핍됨이 없어 천지와 다시 떨어진 틈이 없을 것이다. 이른바 천지를 가득 채운다는 것은 다른 것이 아니라 단지 몸속을 채우는 것이 곧 천지를 채우는 것이다. 주자께서 일찍이 배우는 자에게 묻기를 "몸속을 채우고 있는 것이 측은지심(惻隱之心)인데 몸 밖에는 무엇이 있는가?"[45] 하였다. 도암(陶庵, 이재: 1680~1746)[46]께서 그 뜻을 해석하여 "몸의 안과 밖이 모두 측은이다"[47]라고 말했는데 그 뜻이 바로 이와 같다. 호연지기는 기를 위주로 하는 말이고 측은은 리를 위주로 하는 말이지만 그 실질은 하나이다.【측은은 곧 위에서 말한 생의(生意)이다.】

孟子曰: "以直養而無害, 則塞于天地之間." 此語極好。 盖滿腔子都

---

45) 몸속을 ~ 있는가?:『朱熹別集』권6,「임택지(林擇之)」에 나온다. "適因擧滿腔子是惻隱之心, 江民表云: '腔子外是甚底? 請諸公下語.' 已各有說, 更請擇之亦下一語, 便中早見喩也."

46) 도암(陶菴): 이재(李縡, 1680-1746)는 자는 희경(熙卿)이고 호는 도암(陶菴)이며 시호는 문정(文正)이다.

47) 몸의 ~ 측은이다: 통행본『도암집(陶菴集)』에는 보이지 않는다. 평소 강학 시에 말했을 것으로 사료된다.

是此氣, 而與天地之氣通貫爲一, 則其塞于天地, 固不待養也。然一
爲私意所蔽, 欿然而餒, 則所謂滿腔子者, 衰颯虧欠, 不知其所在矣。
夫然則與天地雖曰一氣, 亦不免於隔截而爲二。學者苟能集義, 養
氣, 如孟子之言, 則此滿腔子之本體, 便當充拓無欠, 而與天地更無
間隔, 盖所謂塞天地, 無他, 只塞了腔子, 便塞了天地矣。朱子嘗問學
者曰: "滿腔子是惻隱之心, 腔子外是甚底?" 陶庵解之云: "腔子內外
都是惻隱。" 意正如此。浩氣主氣, 惻隱主理, 其實一也。【惻隱, 卽上
所云生意。】

11   담일청허(湛一淸虛)한 기(氣)는 다른 것이 아니니 곧 하늘이다.
하늘이 어찌 없는 곳이 있겠는가? 율곡(栗谷, 이이)의 설은 끝내 의심스
럽다.

湛一淸之氣, 非他也, 乃天也, 天豈有不在者乎? 栗谷說終覺可疑。

본성의 선함은 그 기질의 선함이다

12　인간 본성의 선함은 곧 그 기질의 선함일 뿐이니 그 기질 이외에 따로 선한 본성이 있지 않다. 그러므로 "사람은 선하지 않음이 없고 물은 아래로 흐르지 않음이 없다"[48] 하였으며 또한 "사람을 죽이고 해쳐서 인의(仁義)를 하겠는가?"[49]라고 하였다. 단지 인(人) 자와 수(水) 자만을 말하고 성(性) 자를 다시 거론하지 않았지만 그 뜻을 알 수 있다. 그러므로 맹자가 성선(性善)을 설명한 것이 호연지기를 말하는 데 이르러서 그 뜻이 비로소 분명해졌다. 명도(明道, 정호)가 "맹자가 그 가운데에 나아가 호연지기를 힘차게 드러내셨으니 그 뜻을 다 드러내었다고 할 만하다"[50] 말한 것이 바로 이 때문이다. 지금 사람들이 대부분 사람과 본성을 둘로 나누어 기질이 비록 악할지라도 본성은 본래 선하다고 하는데, 이는 리(理)와 기(氣)를 판이한 두 가지 물건으로 여기는 것으로 본성의 선함이 진정한 선이 되기에는 부족한 것이다. 혹자는 이와 같다면 기질의 탁박(濁駁)한 것을 어떻게 해결해야 하는지

---

48) 사람은 ~ 없다:『맹자(孟子)』「고자 상(告子上)」에 나온다. "孟子曰: 水信無分於東西, 無分於上下乎? 人性之善也, 猶水之就下也, 人無有不善, 水無有不下."

49) 사람을 ~ 하겠는가:『맹자(孟子)』「고자 상(告子上)」에 나온다. "告子曰: '性猶杞柳也, 義猶桮棬也, 以人性爲仁義, 猶以杞柳爲桮棬.' 孟子曰: '子能順杞柳之性而以爲桮棬乎? 將戕賊杞柳而後, 以爲桮棬也, 如將戕賊杞柳而以爲桮棬, 則亦將戕賊人以爲仁義與? 率天下之人而禍仁義者, 必子之言夫.'"

50) 맹자가 ~ 만하다:『이정유서(二程遺書)』권1,「이단전사설(端伯傳師說)」에 나온다. "忠信所以進德, 終日乾乾, 君子當終日對越在天也。蓋上天之載, 無聲無臭。其體則謂之易, 其理則謂之道, 其用則謂之神, 其命於人則謂之性, 率性則謂之道, 修道則謂之敎。孟子去其中又發揮出浩然之氣, 可謂盡矣。"

의심하는데, "비록 기질이 탁하고 거칠지라도 그 본체의 담일(湛一)함은 다름이 없다"[51]라고 답한다. 사람이 천지의 바른 기운을 품수 받아 태어남에 마음은 비어서 막힘이 없다. 이 비어서 막힘이 없는 가운데의 담일한 본체가 통연(洞然)히 천지와 관통하여 막힘없이 드러나고 유행하는데, 그 덕(德)으로 말하자면 성(性)이라 하고, 그 신(神)으로 말하자면 심(心)이라 하고, 그 용(用)으로 말하자면 정(情)이니 모두 이 기에 말미암아 이름을 정한 것이다. 그 탁하고 거친 것은 곧 그 바른 기운 가운데의 찌꺼기일 뿐이다. 찌꺼기가 심하면 본체가 은폐되는 것이 또한 이치와 형세가 반드시 그러한 것이다. 그러나 어찌 이것을 가지고 본체의 선(善)까지 의심할 수 있겠는가?

> 人性之善, 乃其氣質善耳, 非氣質之外, 別有善底性也. 故曰: "人無有不善, 水無有不下." 又曰: "戕賊人以爲仁義." 但說人字, 水字, 更不擧性字, 其意可見, 故孟子說性善, 至說浩氣, 其義乃明. 明道所謂"孟子去其中, 發揮出浩然之氣, 可謂盡矣."者, 正以此也. 今人多分人與性爲二, 以爲氣質雖惡, 性自善, 是理與氣判作兩物, 而性之善者, 未足爲眞善也. 或疑如是, 則氣質濁駁者, 當何區處? 曰: "雖氣質之濁駁者, 其本體之湛一, 則無不同." 蓋人稟天地之正氣以生,

---

51) 비록 ~ 없다:『녹문집(鹿門集)』권5,「답이백눌(答李伯訥)」에 나온다. "天之生物, 使之一本. 一本者, 不但理之一, 氣亦一也, 所謂'湛一, 氣之本'是也. 旣曰一則豈復有二三乎? 二三則非一也.【此一句當著眼。】 人稟二五之秀氣以生, 故方寸空通. 卽此空通, 湛一全體, 呈露昭著, 與天地通. 其有强弱昏明多寡厚薄者, 皆氣質查滓之爲耳, 非湛一本色也. (…) 氣質之有萬品者, 末流之查滓也; 湛一之無聖凡者, 太虛之本體也."

而方寸空通, 卽此空通之中, 湛一本體, 便已洞然, 與天地通貫無礙,
呈露流行. 其德則曰性, 其神則曰心, 其用則曰情, 皆由是氣而立名
者也. 若其所謂濁駁者, 乃其正氣中渣滓耳. 渣滓重, 則本體隱焉者,
亦理勢之必然. 然豈可以是而致疑於本體之善哉?

13　횡거 선생(橫渠先生, 장재)이 말하기를 "사람의 강유, 완급, 재능
유무는 기(氣)의 치우침이다. 하늘은 본래 조화로워 치우치지 않으니,
그 기를 길러 근본으로 돌아가 치우치지 않는다면 본성을 다하여 하늘
과 같이 될 것이다"[52]라고 하였다. 기의 치우침은 말류의 찌꺼기를
가리켜 말한 것이고 근본은 기의 본체를 말한 것이다. 그 기를 길러서
그 본체로 돌아간다면 본성은 그 가운데 있으니, 그러므로 본성을 다하
여 하늘과 같이 된다고 말한 것이다. 하늘은 윗글에서 말한 조화로워
치우치지 않는 것으로 기가 또한 하늘이고 본성이 또한 하늘이다.

　　横渠先生曰: "人之剛柔, 緩急, 才不才, 氣之偏也. 天本參和不偏,
養其氣, 反之本而不偏, 則盡性而天矣." 氣之偏, 指末流渣滓而言,
本謂氣之本體. 養其氣, 以反其本體, 則性在其中, 故曰盡性而天矣.
天卽上文所謂參和不偏者, 氣亦天性亦天也.

---

52) 사람의 ~ 것이다: 『장재집(張載集)』 「정몽(正蒙)」에 나온다. "人之剛柔, 緩急,
有才與不才, 氣之偏也. 天下參和不偏, 養其氣, 反之本而不偏, 則盡性而天矣.
性未成則善惡混, 故亹亹而繼善者斯爲善矣. 惡盡去則善因以亡, 故舍曰善而曰
成之者性也."

14 사람의 선함은 물이 아래로 흐르고 불이 위로 타오르는 것과
같다. 지금 사람의 기(氣)가 악하지만 그 본성은 본래 선하다고 말한다
면 이는 물이 위로 흐르지만 물의 본성은 아래를 향한다 말하고, 불이
아래로 타내려가지만 불의 본성은 위를 향한다 말하는 것과 같은 것이
다. 과연 무슨 말이 되겠는가? 동자(董子, 동중서: 기원전 179-104)[53]가
이르기를 "본성은 타고난 성질[質]이다"[54] 했는데, 그것은 반드시 전수
받은 바가 있을 것이다.

> 人之善, 猶水之下, 火之上, 今謂人之氣惡而其性自善, 是猶言水則
> 上, 而水之性則下; 火則下, 而火之性則上, 果成何等說話乎? 董子
> 云: "性者, 生之質." 其必有所受矣。

15 기(氣)의 근본은 하나일 뿐이나, 그것이 오르내리고 흩날리고
교감하고 응취할 적에 크기도 하고 작기도 하고 바르기도 하고 치우치
기도 하고 강하기도 하고 부드럽기도 하고 맑기도 하고 탁하기도 하여
저절로 천차만별하지 않을 수 없어서 그 응취함에 따라 각기 하나의
기가 되니, 곧 장자(張子, 장재)가 "떠도는 기가 왕성하게 뒤섞이고 합하
여 질(質)을 형성함에 온갖 사람과 사물을 낳는다"[55]고 말한 것이다.

---

53) 동자(董子): 동중서(董仲舒, 기원전 179-104)는 호는 계암자(桂巖子)이다.
   저서에 『춘추번로(春秋繁露)』가 있다.
54) 본성은 ~ 성질[質]이다: 『한서(漢書)』 권56, 「동중서전(董仲舒傳)」에 나온
   다. "臣聞命者天之令也, 性者生之質也, 情者人之欲也."
55) 떠도는 ~ 낳는다: 『장재집(張載集)』 「정몽(正蒙)」에 나온다. "游氣紛擾, 合而

비록 각자 하나의 기가 된다고 하지만 이른바 기의 근본이라는 것은
바로 여기에 있지 않음이 없어 각각 그 응취한 바를 따라서 드러난다.
이를테면 응취하여 물이 되면 적셔주며 내려가는 것이 곧 기가 발현한
것으로 물의 본성을 이룬다. 응취하여 불이 되면 불타며 올라가는 것이
곧 기가 발현한 것으로 불의 본성을 이룬다.56)【미루어 보면 만물이
모두 그러하다.】그 응취한 기가 강하거나 부드러운 차이로 인해 그
본성이 또한 다르지만 기의 생의(生意)가 작용한 것이 아님이 없다.
적셔주며 내려가거나 불타며 올라가는 것은 기가 한 부분에서 드러나는
것이고 사람의 선함은 기의 전체이다.【이는 기를 본성으로 삼은 것은
아니니 본성은 생의에 있다. 의(意) 자도 지나친 감이 있으니 다만 마땅
히 가볍게 여기고 융통성 있게 보아서 묵묵히 이해해야 한다.】

氣之本, 一而已矣, 而其升降飛揚, 感遇凝聚之際, 或大或小, 或正或
偏, 或剛或柔, 或淸或濁, 自不能不千差萬別, 而隨其凝聚, 各爲一
氣, 卽張子所謂"游氣紛擾, 合而成質, 生人物之萬殊"者也。雖曰各
爲一氣, 所謂氣之本者, 固未嘗不卽此而在, 而各隨其所凝聚而發
現焉, 如凝聚爲水, 則其潤而下者, 卽是氣之發現而成水之性焉; 凝
聚爲火, 則其炎而上者, 卽是氣之發現而成火之性焉。【推之萬物
皆然。】由其所遇之剛柔不同, 是以其性亦異, 然莫非是氣生意之所
爲也。盖潤下, 炎上者, 是氣之見於一端者, 而人之善, 則其全體也。

成質者, 生人物之萬殊; 其陰陽兩端循環不已者, 立天地之大義。"
56) 응취하여 물이 되면 ~ 이룬다:『상서』「洪範」에 나온다. "五行: 一曰水, 二曰火,
三曰木, 四曰金, 五曰土。水曰潤下, 火曰炎上, 木曰曲直, 金曰從革, 土爰稼穡。"

【此非以氣爲性, 性在生意上, 意字亦似下得重, 只當輕看活看, 以
意會之。】

율곡의 이통기국론은 이기를 두 가지 사물로 본 것이다

16　율곡 선생(栗谷先生, 이이)이 이기(理氣)의 원두(源頭)에 깊이 나아가 홀로 터득하여 견해가 지극히 분명하고 말한 바가 매우 영롱하다. 주자 이후로 이만한 이해에 이른 이가 거의 없으나 유독 기(氣)의 근본이 하나인 곳에서는 아마도 다 밝게 알지는 못한 듯하다. 선생이 "리(理)의 근원은 하나일 뿐이고 기의 근원 또한 하나일 뿐이다"[57] 하고, 또 "도심(道心)은 본연의 기[本然之氣]이다"[58] 말했으니, 이것을 강구하지 않았다고 할 수는 없다. 그러나 이통기국론(理通氣局論)에서 기를 만수(萬殊)로 귀결시키고,[59] 또 "담일청허(湛一淸虛)한 기가 있지 않은 곳이 많다"[60] 말한 것은 그 귀결을 궁구해 보면 결국은 리와 기를 두 가지

---

57) 리(理)의 ~ 뿐이다:『율곡전서(栗谷全書)』권10,「답성호원(答成浩原)」에 나온다. "理之源, 一而已矣; 氣之源, 一而已矣. 氣流行而參差不齊, 理亦流行而參差不齊; 氣不離理, 理不離氣. 夫如是, 則理氣一也."

58) 도심(道心)은 ~ 기이다:『율곡전서(栗谷全書)』권10,「답성호원(答成浩原)」에 나온다. "以道心爲本然之氣者, 亦似新語. 雖是聖賢之意, 而未見於文字. (──) 道心原於性命, 而發者氣也, 則謂之理發不可也. 人心道心, 俱是氣發, 而氣有順乎本然之理者, 則氣亦是本然之氣也, 故理乘其本然之氣而爲道心焉. 氣有變乎本然之理者, 則亦變乎本然之氣也, 故理亦乘其所變之氣而爲人心."

59) 이통기국론(理通氣局論)에서 ~ 귀결시키고:『율곡전서(栗谷全書)』권10,「여성호원(與成浩原)」에 나온다. "理通氣局, 要自本體上說出, 亦不可離了本體, 別求流行也. 人之性非物之性者, 氣之局也; 人之理卽物之理者, 理之通也. (──) 氣之一本者, 理之通故也; 理之萬殊者, 氣之局故也."

60) 담일청허(湛一淸虛) ~ 많다:『율곡전서(栗谷全書)』권10,「답성호원(答成浩原)」에 나온다. "花潭則聰明過人, (…) 其於理氣不相離之妙處, 瞭然目見, 非他人讀書依樣之比. 故便爲至樂, 以爲湛一淸之氣, 無物不在, 自以爲得千聖不盡傳之妙. 而殊不知向上更有理通氣局一節, 繼善成性之理, 則無物不在, 而湛一

사물로 봤다는 의심을 면할 길이 없으니 어쩌면 미처 생각하지 못하여 그렇게 된 것인가? 만일 당시에 이것으로 선생께 질문한 자가 있었다면 필시 환연히 알아들었을 것이 틀림없는데 아쉽도다!

> 栗谷先生於理氣源頭, 深造獨得, 見得極明透, 說得極玲瓏, 朱子以後, 殆未有臻斯理者也, 獨於氣之本一處, 猶或有未盡瑩者. 其曰: "理之源一而已, 氣之源亦一而已." 又"以道心爲本然之氣."者, 亦不可謂不講究到此. 而乃於理通氣局之論, 專以氣歸之萬殊, 又以爲"湛一淸之氣, 多有不在." 究其歸, 終未免於二物之疑, 豈未及致思而然歟? 若使當時有以此論質之者, 其必渙然而耳順也無疑矣, 惜哉!

17 박사암(朴思菴, 박순: 1523-1589)[61]이 담일청허(湛一淸虛)한 기(氣)가 음양을 낳는다 말하고 또 이 기를 음(陰)에 배속시킨 것[62]은 말이 안 되는 것 같으니 율옹(栗翁, 이이)에게 논박을 당함이[63] 마땅하

淸之氣, 則多有不在者也."

61) 박사암(朴思菴): 박순(朴淳, 1523-1589)은 자는 화숙(和叔)이고 호는 사암(思菴)이다. 서경덕(徐敬德)의 문인이고 중년에는 이황(李滉)에게 배우기도 하였다. 『주역(周易)』을 깊이 연구했다. 만년에 이이(李珥), 성혼(成渾)과 교유가 깊었다.

62) 담일청허(湛一淸虛) ~ 배속시킨 것: 『사암집(思菴集)』 권4, 「답이숙헌서(答李叔獻書)」에 나온다. "天地未生之先, 太氣澹一靜, 無窮無外, 而太極在其中. 及動而生陽, 靜而生陰, 天地分, 而萬物形, 四時運. 從天地已生而言之, 一陰一陽者, 小闔闢也; 從天地未生而言之, 太沖漠無眹而動者, 此天地大闔闢也. 天地未生之前, 可謂之陰, 而不可謂之陽也."

다. 이른바 담일청허는 음양과 오기(五氣: 오행)의 밖에 별도로 있는
기가 아니다. 단지 이 기가 동(動)하면 양이 되고 정(靜)하면 음이 될
뿐이니 유행하여 봄에 이르면 목기(木氣)가 되고 여름에 이르면 화기(火
氣)가 되고 가을에 이르면 금기(金氣)가 되고 겨울에 이르면 수기(水氣)
가 되는 것으로 음양오행 안을 관통하지만 음양오행에 국한되지 않는
다. 안팎도 없고 시종도 없고 끝도 없고 나뉨도 없는 이와 같을 뿐이다.
사암의 설이 화담(花潭, 서경덕: 1489-1546)[64]에서 나왔는데, 화담의
뜻도 사암과 같은지 모르겠다. 그 설을 문집에서 찾아보고 싶은데 상고
할 수 없으니 답답하다.

　朴思庵謂湛一淸之氣, 乃生陰陽, 而又以是氣屬之陰, 殆不成說話,
　其爲栗翁所駁也, 宜矣。夫所謂湛一淸者, 非於陰陽五氣之外, 別有
　是氣也。只是此氣, 動則爲陽, 靜則爲陰, 行到于春則爲木, 行到于夏
　則爲火, 行到于秋則爲金, 行到于冬則爲水, 通貫乎陰陽五行之中,
　而不爲陰陽五行所局, 無內外, 無始終, 無邊際, 無分段, 如斯而已。
　思庵說出於花潭, 未知花潭之意, 亦只如思庵否。其說想見文集, 而
　不得考, 可欝。

63) 율옹(栗翁)에게 ~ 당함이: 『율곡전서(栗谷全書)』권9, 「답박화숙(答朴和叔)」
　　에 나온다. "又有一種議論曰: '太虛澹一淸虛, 乃生陰陽.' 此亦落於一邊, 不知
　　陰陽之本有也, 亦一病也。大抵陰陽兩端, 循環不已, 本無其始。(──) 且澹一之
　　氣, 是陰陽耶? 閤下前者, 目之以陰矣, 然則太極非根柢, 而陰氣乃根柢也。但以
　　陰爲陽之母, 而不知陽爲陰之父也, 其可乎?"
64) 화담(花潭): 서경덕(徐敬德, 1489-1546)은 자는 가구(可久)이고 호는 복재
　　(復齋) 또는 화담(花潭)이며 시호는 문강(文康)이다.

18 통(通)과 국(局) 두 글자를 리(理)와 기(氣)에 분속시킬 필요가 없다. 일원처(一原處)로 말하면 리만 하나가 아니라 기도 하나이니 하나이면 통(通)이다. 만수처(萬殊處)로 말하면 기만 만 가지가 아니라 리도 만 가지이니 만 가지이면 국(局)이다. "하나이기 때문에 신묘하고, 둘이 있어서 헤아릴 수 없다"[65]는 통(通)이 아니겠는가? "인(仁)은 의(義)가 될 수 없고, 의는 인이 될 수 없다"[66]는 국(局)이 아니겠는가? 【통(通)과 국(局)을 리와 기로 구분함이 말은 새롭지만 뜻이 통하지 않는다. 이일분수(理一分殊)의 설이 리를 위주로 하면서 기가 그 속에 있는 것이 혼연하게 서로 틈이 없어서 말이 매우 평이하면서도 뜻이 더없이 지극한 것만 같지 않다.】

> 通局二字, 不必分屬理氣。盖自其一原處言之, 則不但理之一, 氣亦一也, 一則通矣; 自其萬殊處言之, 則不但氣之萬, 理亦萬也, 萬則局矣。"一故神, 兩在故不測。"非通乎?"仁作義不得, 義作仁不得。"非局乎?【以通局分理氣, 語新而意滯, 不若理一分殊之論, 主理而氣在其中, 渾然無縫隙, 語甚平易, 而意已獨至也。】

---

65) 하나이기 ~ 없다:『주자어류(朱子語類)』권76,「계사 하(繫辭下)」에 나온다. "窮神知化, (──) 神是一箇物事, 或在彼, 或在此。當在陰時, 全體在陰; 在陽時, 全體在陽。都只是這一物, 兩處都在, 不可測, 故謂之神。橫渠云: '一故神; 兩故化。'又注云: '兩在, 故不測。'這說得甚分曉。"

66) 인(仁)은 ~ 없다:『주자어류(朱子語類)』권94,「태극도(太極圖)」에 나온다. "問: '五行之生, 各一其性。理同否?' 曰: '同而氣質異。' 曰: '旣說氣質異, 則理不相通。' 曰: '固然。仁作義不得, 義作仁不得。'"

사물에도 미발의 중이 있다는 나흠순의 주장은 옳지 않다

19-1　나정암(羅整菴, 나흠순)이 일찍이 설문청(薛文淸, 설선: 1389~
1464)[67]의 "기(氣)는 모이고 흩어짐이 있고 리(理)는 모이고 흩어짐이
없다"[68]는 설을 논하여 말하길 "하나는 취산(聚散: 모이고 흩어짐)이 있고
하나는 취산이 없다고 하면 그 벌어진 틈이 매우 크다"[69] 했는데, 그
말이 타당하다. 그러나 미발(未發)의 중(中)을 논하면서 "미발의 중은
유독 사람만 있는 것이 아니고 모든 사물들도 갖고 있다. 중은 천하의
대본(大本)으로 사람과 사물에게 다른 두 개가 있을 수 없다"[70] 했는데,
자못 이해할 수 없다. 사람은 천지의 중정(中正)한 기를 선천적으로 받았

---

67) 설문청(薛文淸): 설선(薛瑄, 1389-1464)은 자가 덕온(德溫)이고 호는 경헌
(敬軒)이며 시호는 문정(文淸)이다. 하동학파(河東學派)의 창시자이다.

68) 기(氣)는 ~ 없다: 설선(薛瑄)의 『독서록(讀書錄)』 권4에 나온다. "理如月, 氣
如水。或一海水, 或一江水, 或一溪水, 或一沼水, 或一鍾水, 或一盂水, 水雖不同,
莫不各得一月之光。或一海水盡, 或一江水盡, 或一溪, 一沼, 一鍾, 一盂水盡, 水
盡時, 各水之月光, 雖不可見, 而月之本體, 則常存, 初不與水俱盡也。以是觀之,
則氣有聚散, 而理無聚散也, 又可見矣。"

69) 하나는 ~ 크다: 『곤지기(困知記)』 권하에 나온다. "薛文淸讀書錄甚有體認工
夫, 見得到處儘能到。區區所見, 蓋有不期而合者矣。然亦有未能盡合處, 信乎,
歸一之難也! 《錄》中有云: '理氣無縫隙, 故曰器亦道, 道亦器。' 其言當矣。至於反
覆證明'氣有聚散, 理無聚散'之說, 愚則不能無疑。夫一有一無, 其爲縫隙也大矣,
安得謂之器亦道, 道亦器耶? 蓋文淸之於理氣, 亦始終認爲二物, 故其言未免時有
窒礙也。"

70) 미발의 ~ 없다: 『곤지기(困知記)』 권하에 나온다. "未發之中, 非惟人人有之,
乃至物物有之。蓋中爲天下之大本, 人與物不容有二。顧大本之立, 非聖人不能。
在學者, 則不可不勉。若夫百姓, 則日用而不知, 孟子所謂'異於禽獸者幾希', 正指
此爾。先儒或以爲'常人更無未發之中', 此言恐誤。若有無不一, 安得爲'物物各具
一太極'乎? 此義理至精微處, 斷不容二三其說也。"

기 때문에 그런 중정한 덕을 지닌 것이다. 이른바 "위대한 상제께서 아래 백성들에게 치우침이 없는 덕[夷]을 내려 주셨다",71) "백성은 천지의 중정한 기를 받아 태어났다"72) 하는 말들은 모두 사람을 가리켜 말한 것이다. 사물은 기가 편벽하기 때문에 그 덕도 편벽하다. 따라서 "물은 적시며 내려가고 불은 타오르고 나무는 굽기도 하고 곧기도 하고 쇠는 그대로 있기도 하고 다르게 변하기도 하고 흙에는 곡식을 심고 거둔다"73) 했다. 이와 같을 뿐이니 충(夷: 치우침이 없는 덕) 자와 중(中: 중정한 기) 자를 말하지 않았다. 사물들이 과연 미발의 중을 갖고 있다면 기는 편벽하고 리는 중정한 것이니 벌어진 틈이 실로 엄청나지 않겠는가?

> 整庵嘗論薛文清"氣有聚散, 理無聚散."之說, 而曰: "一有一無, 其爲
> 縫隙也大矣." 其言當矣. 但其論未發之中, 有曰: "未發之中, 非惟
> 人人有之, 乃至物物有之. 盖中爲天下之大本, 人與物不容有二."
> 殊不可曉. 夫人禀天地中正之氣, 故有此中正之德, 所謂"惟皇上帝,
> 降衷于下民.""民受天地之中以生." 皆指人而言耳. 至於物, 則得

---

71) 위대한 ~ 주셨다: 『서경(書經)』「탕고(湯誥)」에 나온다. "王曰: '嗟! 爾萬方有 衆, 明聽予一人誥. 惟皇上帝降衷於下民, 若有恒性, 克綏厥猷, 惟後.'"

72) 백성은 ~ 태어났다: 『춘추좌전(春秋左傳)』「성공13년(成公 十三年)」에 나온 다. "成子受脤于社, 不敬. 劉子曰: '吾聞之, 民受天地之中以生, 所謂命也. 是以 有動作禮義威儀之則, 以定命也. 能者養之以福, 不能者敗以取禍. 是故君子勤 禮, 小人盡力. 勤禮莫如致敬, 盡力莫如敦篤. 敬在養神, 篤在守業. 國之大事, 在 祀與戎. 祀有執膰, 戎有受脤, 神之大節也. 今成子惰, 棄其命矣, 其不反乎.'"

73) 물은 ~ 거둔다: 『서경(書經)』「홍범(洪範)」에 나온다. "五行: 一曰水, 二曰火, 三曰木, 四曰金, 五曰土. 水曰潤下, 火曰炎上, 木曰曲直, 金曰從革, 土爰稼穡. 潤下作鹹, 炎上作苦, 曲直作酸, 從革作辛, 稼穡作甘."

氣之偏, 故其德亦偏。是以"水曰潤下, 火曰炎上, 木曰曲直, 金曰從
革, 土爰稼穡。"如斯而已, 未嘗說衷字、中字。夫物物果皆有未發之
中, 則氣偏理中, 其爲縫隙也, 不其尤大矣乎?

19-2 명도 선생(明道先生, 정호)이 말하길 "중(中)의 이치는 지극하다.
독음(獨陰)과 독양(獨陽)으로는 만물을 생겨나게 할 수 없으며, 치우치
면 짐승이나 오랑캐가 되고 중정(中正)하면 사람이 되며, 중정하면 편벽
되지 않고 항구[常]하면 바뀌지 않는다"[74] 했다. 【유질부(劉質夫)[75]의
기록】 또 말하길 "천지 사이에 유독 사람만이 지극히 신령한 것은 아니
다. 나의 마음이 바로 초목 조수의 마음이다. 그러나 사람은 천지의
중을 받아서 태어났다"[76]고 했다. 【이단백(李端伯)[77]의 기록】 정암(整
庵, 나흠순)이 명도 선생을 가장 심복하여 선생의 설에 조금도 의심이
없다 했음에도 유독 여기서 상반됨은 어째서인가? 어쩜 제대로 살피지
못해서일까? 견해가 참으로 극진하다면 그 말을 보지 못했을지라도

---

74) 중(中)의 ~ 않는다: 『이정유서(二程遺書)』 권11, 「사훈(師訓)」에 나온다. "中
之理, 至矣。獨陰不生, 獨陽不生; 偏則爲禽獸爲夷狄, 中則爲人; 中則不偏, 常則
不易。惟中不足以盡之, 故曰中庸。"

75) 유질부(劉質夫): 유현(劉絢, 1045-1087)은 자가 질부(質夫)이다. 정호, 정이
형제에게 수학했다.

76) 천지 ~ 태어났다: 『이정유서(二程遺書)』 권1, 「단백전사설(端伯傳師說)」에
나온다. "天地之間, 非獨人爲至靈, 自家心便是草木鳥獸之心, 但人受天地之中
以生爾。(一本此下云: 人與物, 但氣有偏正耳。獨陰不成, 獨陽不生。得陰陽之
偏者爲鳥獸草本夷狄, 受正氣者人也。)"

77) 이단백(李端伯): 이유(李籲, ?-?)이고 자는 단백(端伯)이다. 이정(二程)의 문
인이다. 이정보다 먼저 졸했다.

마땅히 묵묵히 계합(契合)할 것이니, 지금 이와 같은 것이 어찌 또한 이른바 '하나로 정해지지 않은 것'[78]이겠는가?

> 明道先生之言曰: "中之理, 至矣。獨陰不生, 獨陽不生; 偏則爲禽獸爲夷狄, 中則爲人; 中則不偏, 常則不易。"【劉質夫錄】又曰: "天地之間, 非獨人爲至靈。自家心便是草木鳥獸之心, 但人受天地之中以生爾。"【李端伯錄】整庵最心服明道, 以爲於其說, 了無所疑, 而獨於此若是相反何也? 豈未及考歟? 夫見之誠至, 雖未見其言, 宜默契焉, 今若此者, 豈亦所謂"未定于一者"耶。

20-1 주자가 『맹자』의 '인지이어금수'(人之異於禽獸: 사람이 금수와 다르다) 장을 논하여 말하길 "'위대하신 상제가 아래 백성들에게 치우침이 없는 덕[夷]을 내려 주셨다',[79] '백성들이 떳떳한 도리를 잡고 있다',[80] 이런 대목이 바로 금수와 다른 곳인데, 서민은 이를 내버렸고 군자는

---

78) 하나로 ~ 않은 것: 『곤지기(困知記)』권상에 나온다. "理一分殊四字, 本程子論西銘之言, 其言至簡, 而推之天下之理, 無所不盡。在天固然, 在人亦然, 在物亦然; 在一身則然, 在一家亦然, 在天下亦然; 在一歲則然, 在一日亦然, 在萬古亦然。持此以論性, 自不須立天命, 氣質之兩名, 粲然其如視諸掌矣。但伊川旣有此言, 又以爲'才稟於氣', 豈其所謂分之殊者, 專指氣而言之乎? 朱子嘗因學者問理與氣, 亦稱伊川此語說得好, 却終以理氣爲二物。愚所疑未定於一者, 正指此也。"

79) 위대하신 ~ 주셨다: 『서경(書經)』「탕고(湯誥)」에 나온다. "王曰: '嗟! 爾萬方有衆, 明聽予一人誥。惟皇上帝降夷於下民, 若有恒性, 克綏厥猷, 惟後。'"

80) 백성들이 ~ 있다: 『시경(詩經)』「대아 탕지십(大雅蕩之什)」증민(烝民)편에 나온다. "天生烝民, 有物有則。民之秉彝, 好是懿德。天監有周, 昭假于下。保玆天子, 生仲山甫。"

이를 보존하니 모름지기 이 다른 곳을 보존해야만 비로소 금수와 다르게 될 수 있는 것이다. 꿈틀대는 중생들 모두 불성이 있으니 우리 자신과 똑같다고 말하면 안 된다"[81] 했다. 【『어류』의 '공도자문성'(公都子問性) 장에 보인다.】 정암(整庵, 나흠순)이 매번 주자를 논할 적에 하나로 정해지지 않았고 명도(明道, 정호)와 관점이 다르다 했는데, 지금 이 조목을 가지고 보면 명도의 설과 무슨 미세한 차이가 있는가? 진서산(眞西山, 진덕수: 1178-1235)[82]이 『대학연의』(大學衍義)에서 『맹자』의 이 장을 해석하여 말하길 "사람과 사물 사이의 차이가 또한 먼데도 맹자가 사람이 사물과 다름이 드물다고 한 것은 사람과 사물이 모두 하나의 마음을 가졌는데, 사람은 능히 보존하지만 사물은 보존하지 못하여서 다른 바가 단지 이것일 뿐이다"[83] 했다. 농암(農巖, 김창협: 1651-1708)[84]이 변론하여 말하길 "이른바 사람과 사물이 모두 하나의 마음을 지녔다면

---

81) 위대하신 ~ 안 된다: 『주자어류(朱子語類)』 권59, 「고자 상(告子上)」에 나온다. "或問: '二之則不是。' (…) 又曰: '須是去分別得他同中有異, 異中有同, 始得。其初那理, 未嘗不同, 才落到氣上, 便只是那粗處相同。如飢食渴飲, 趨利避害, 人能之, 禽獸亦能之。若不識箇義理,便與他一般也。' 又曰: '惟皇上帝, 降衷于下民, 民之秉彝, 這便是異處。庶民去之, 君子存之, 須是存得這異處, 方能自別於禽獸。不可道蠢動含靈, 皆有佛性, 與自家都一般。'"

82) 진서산(眞西山): 진덕수(眞德秀, 1178-1235)는 자는 경원(景元) 또는 희원(希元)인데, 나중에 경희(景希)로 고쳐 불렀다. 호는 서산(西山)이고 시호는 문충(文忠)이다. 경원당금(慶元黨禁) 이후 정주이학(程朱理學)이 성행하는 데 큰 공헌을 했다.

83) 사람과 ~ 뿐이다: 『대학연의(大學衍義)』 권12, 「오도원류지정(吾道源流之正」에 나온다. "人之與物相去亦遠矣, 而孟子以爲幾希者, 蓋人物均有一心, 然人能存而物不能存。所不同者, 惟此而已。人類之中, 有凡民者亦有是心, 而不能存, 是即禽獸也。"

84) 농암(農巖): 김창협(金昌協, 1651-1708)은 호는 농암(農巖) 또는 삼주(三洲)이고 시호는 문간(文簡)이다.

어떤 마음을 가리키는지 모르겠다. 만약 인의예지의 마음이라면 금수가 태어남에 원래 이 마음을 온전히 가질 수 없으니 사람과 균일하게 지녔다고 해서는 안 된다. 만약 지각과 호오의 정(情)을 가리킨다면 비록 금수일지라도 또한 이 마음을 없앨 수 없으니 사물은 잘 보존시키지 못한다고 해서는 안 된다"[85]고 했는데, 이 말이 명석하다.

> 朱子嘗論《孟子》人之異於禽獸一章曰: "'惟皇上帝, 降衷于下民', '民之秉彝', 這便是異處. '庶民去之, 君子存之', 須是存得這異處, 方能自別於禽獸. 不可道蠢動含靈, 皆有佛性, 與自家都一般."【見《語類》公都子問性章。】整菴每議朱子, 謂未定于一, 與明道差殊觀. 今以此條觀之, 與明道說, 何嘗有纖毫異耶? 眞西山《大學衍義》釋《孟子》此章云: "人與物相去亦遠矣, 而孟子以爲幾希者, 人物均有一心, 人能存而物不能存, 所不同者, 惟此而已." 農巖辨之曰: "所謂均有一心者, 未知指何心. 若是仁義禮智之心, 則禽獸之生, 合下固不得全具此心, 不當說與人均有; 若指知覺好惡之情, 則雖禽獸亦不曾去了此心, 不當說物不能存." 其言明矣.

20-2　정암(整庵, 나흠순)이 미발(未發)의 중(中)을 논하면서 또 말하길 "중은 천하의 대본(大本)이니 사람과 사물이 다른 두 개가 있지 않다. 대본의 확립은 성인(聖人)이 아니고서는 할 수 없는 일이다. 백성은 매일 쓰면서도 알지 못하니 맹자가 사람이 금수와 다름이 드물다는 말이 이것을 가리킨다"[86] 했는데, 이 견해가 서산(西山, 진덕수)의 설과 흡사하고 정주(程朱)와 배치되는 줄을 깨닫지 못하였다. 대체로 정암은 미묘한 깨달음은 뛰어나지만 주밀함이 부족하다. 이기(理氣)가 시작도 없고 이합(離合: 나뉘고 합쳐짐)도 없는 데에는 그 견해가 극진하지만 정미하며 곡절이 있는 곳과 직절한 근원처는 실로 세세히 회통하고 영롱하게 꿰뚫지 못함이 있다. 따라서 그 말이 명백한 대목은 모두 명백하지만 애매모호한 부분은 여전히 애매모호하여 종종 서로 모순되는 점이 많다. 주자의 여러 말들을 또한 두루 살피고 묵묵히 음미하면서 회통하고 꿰뚫지도 못하면서 섣불리 의심을 내고 말에 집착하여 본지를 잃었다. 그렇다면 이른바 '하나로 정해지지 않았다'는 말은 주자가 하나로 정하지 못한 것이 아니라 실은 정암이 회통하여 하나로 정하지 못한 것이다.

> 整庵論未發之中亦曰: "中是天下之大本, 人與物不容有二。顧大本
> 之立, 非聖人不能。百姓則日用而不知, 孟子所謂異於禽獸幾希, 正

---

86) 중은 ~ 가리킨다:『곤지기(困知記)』권상에 나온다. "未發之中, 非惟人人有之, 乃至物物有之。蓋中爲天下之大本, 人與物不容有二。顧大本之立, 非聖人不能。在學者, 則不可不勉。若夫百姓, 則日用而不知, 孟子所謂'異於禽獸者幾希', 正指此爾。先儒或以爲'常人更無未發之中', 此言恐誤。若有無不一, 安得爲'物物各具一太極'乎? 此義理至精微処, 斷不容二三其說也。"

指此爾." 其見與西山恰同, 而不覺其背馳於程朱. 盖整庵長於妙悟,
而短於周匝. 其於理氣無端始, 無離合處, 見得誠到, 而至其精微曲
折, 直截根源處, 實未能纖悉融會, 玲瓏透徹. 以此, 其言明白處儘
明白, 而鶻突處依舊鶻突, 往往有自相矛盾者多. 其於朱子諸說, 亦
未能博考潛玩, 會通融貫, 而徑自生疑, 執言而迷旨. 然則其所謂"未
定于一"者, 非朱子之未一也, 實整庵未能會通爲一也.

20-3 정암(整庵, 나흠순)이 양방진(楊方震, 양렴: 1452~1525)[87]의 "하
나를 논한다면 리(理)만 하나가 아니라 기(氣) 또한 하나이고, 만약
만 가지를 논한다면 기만 만 가지가 아니라 리 또한 만 가지이다"라는
말을 논하길 "이 말이 매우 타당하지만 또한[亦] 자는 조금 적절치 않은
감이 있다" 했는데,[88] 은미한 바를 통찰하고 끝까지 궁구했다고 말할
수 있겠다. 『주역』을 논하면서 말하길 "괘(卦)마다 효(爻)마다 하나의
상(象)이 되고 그 상은 각각 하나의 리를 갖추고 있다. 그 상이 하나가
아니어서 리 또한 그러하다. 자세히 따져보면 상이 하나가 아닌 것은
정말로 하나가 아닌 것이고 리가 하나가 아닌 것은 어디에서든 하나
아님이 없으니 따라서 '귀결점은 같은 데 가는 길이 다르고 모두 하나로

---

87) 양방진(楊方震): 양렴(楊廉, 1452-1525)은 자가 방진(方震)이고 호는 월호
(月湖) 또는 외헌(畏軒)이다. 시호는 문각(文恪)이다. 나흠순과 교분을 나누
었다.

88) 정암(整庵)이 ~ 했는데: 『곤지기(困知記)』 권하에 나온다. "楊方震復余子積
書有云: '若論一, 則不徒理一, 而氣亦一也. 若論萬, 則不徒氣萬, 而理亦萬也.'
此言甚當, 但亦字稍覺未安."

돌아가는데 생각은 백 가지이다'[89]라고 한다"[90] 했는데, 오히려 대단히 분명하지 않고 앞의 주장과 모순된다. 리가 어디에서든 하나가 아님이 없는 것은 바로 상이 어디에서든 하나가 아님이 없는 것임을 알아야 한다.

> 整庵又嘗論楊方震所謂"若論一則不徒理一, 而氣亦一也; 若論萬則不徒氣萬, 而理亦萬也。"云云者, 曰: "此言甚當, 但亦字稍覺未安。" 可謂通透微密, 直窮到底矣。至其論《易》, 則有曰: "逐卦逐爻, 各是一象, 象各具一理, 其爲象也不一, 而理亦然矣。究而論之, 象之不一, 誠不一也, 理之不一, 蓋無往而非一也, 故曰'同歸而殊塗, 一致而百慮。'" 却大段未瑩, 與前說矛盾, 須知理之無往而非一者, 卽象之無往而非一也。

20-4 "해가 가면 달이 오고 달이 가면 해가 오면서 해와 달이 서로 미루어 밝음이 생긴다. 추위가 가면 더위가 오고 더위가 가면 추위가 오면서 추위와 더위가 서로 미루어 한 해를 이룬다. 자벌레가 몸을 굽힘은 펴고자 함이고 용과 뱀이 겨울잠을 잠은 몸을 보존하고자 함이

---

89) 귀결점은 ~ 백 가지이다: 『주역(周易)』「계사 하(繫辭下)」에 나온다. "《易》曰: '憧憧往來, 朋從爾思.' 子曰: '天下何思何慮? 天下同歸而殊塗, 一致而百慮, 天下何思何慮?'"

90) 괘(卦)마다 ~ 한다: 『곤지기(困知記)』권하에 나온다. "易, 逐卦逐爻, 各是一象; 象, 各具一理。其爲象也不一, 而理亦然。然究而論之, 象之不一, 是誠不一也, 理之不一, 蓋無往而非一也, 故曰'同歸而殊塗, 一致而百慮.' 非知道者孰能識之。"

다. 의리를 정밀히 하여 신묘한 경지에 들어감은 씀을 지극히 하고자
함이요, 씀을 이롭게 하여 몸을 편안히 함은 덕을 높이고자 함이다."91)
하늘과 땅 사이에 크건 작건 정미하든 거칠든 그 흩어지고 변화하고
왕래하고 소장(消長)함이 모두 한 기운의 굴신(屈伸)하는 저절로 그러
함일 뿐이다. 이것이 바로 이른바 "귀결점은 같은데 가는 길이 다르고,
모두 하나로 돌아가는데 생각은 백 가지이다"인 것이다. 「계사전(繫辭
傳)」을 가지고 상세히 완미해 보면 저절로 알 수 있으니 더 말할 것이
없다.

> "日往則月來, 月往則日來, 日月相推而明生焉; 寒往則暑來, 暑往則
> 寒來, 寒暑相推而歲成焉。尺蠖之屈, 以求伸也; 龍蛇之蟄, 以存身
> 也; 精義入神, 以致用也; 利用安身, 以崇德也。" 天地之間, 若大若小,
> 若精若粗, 其散殊變化, 往來消長, 摠只是一氣屈伸之自然耳, 此正所
> 謂"同歸而殊塗, 一致而百慮"者, 取《繫辭》詳玩自可見, 更無說話。

---

91) 해가 ~ 함이다: 『주역(周易)』「계사 하(繫辭下)」에 나온다. "《易》曰: '憧憧往
   來, 朋從爾思.' 子曰: '天下何思何慮? 天下同歸而殊途, 一致而百慮。天下何思何
   慮? 日往則月來, 月往則日來, 日月相推而明生焉。寒往則暑來, 暑往則寒來, 寒
   暑相推而歲成焉。往者屈也, 來者信也, 屈信相感而利生焉。尺蠖之屈, 以求信也;
   龍蛇之蟄, 以存身也。精義入神, 以致用也; 利用安身, 以崇德也。過此以往, 未之
   或知也; 窮神知化, 德之盛也。'"

주자, 정이, 정호 모두 일음일양을 도라고 한다

21　『주역(周易)』의 건괘(乾卦) 단전(彖傳)에 대한『본의(本義)』에서 이르길 "통괄하여 논하자면 원(元)은 만물이 처음 생김이요, 형(亨)은 만물이 번창하고 무성함이요, 이(利)는 열매를 맺어감이요, 정(貞)은 결실이 완성된 것이다. 결실이 이미 완성되면 그 뿌리와 꼭지가 떨어져 다시 심어 날 수가 있으니 이것이 사덕(四德)이 순환하여 끝이 없는 까닭이다. 그러나 사덕 사이에 생기(生氣)가 유행하여 애당초 끊임이 없었으니 이것이 원이 사덕을 포함하여 하늘을 통합하는 까닭이다"[92] 했다. 주자가 리(理)와 기(氣)를 논한 여러 학설 중에서 오직 이 말이 가장 직절하고 명확하니 정백자(程伯子, 정호)의 '원래 다만 이것이 도(道)일 뿐이다'[93]라는 말과 꼭 들어맞는다. 기타 사람에 따라 억양(抑揚, 억누르기도 하고 부추기기도 함)한 부분들을 이 말로 절충하고 소통시킨다면 막힘이 절로 없어질 것이다. 건괘 문언전(文言傳)에 대한『본의』에서 또 이르길 "천지 사이에는 본래 한 기운이 유행하는데 동(動)함과 정(靜)

---

92) 통괄하여 ~ 까닭이다:『주역본의(周易本義)』건괘(乾卦) 단전(彖傳)에 나온다. "聖人在上, 高出於物, 猶乾道之變化也; 萬國各得其所而咸寧, 猶萬物之各正性命而保合太和也, 此言聖人之利貞也. 蓋嘗統而論之, 元者物之始生, 亨者物之暢茂, 利則向於實也, 貞則實之成也. 實之旣成, 則其根蔕脫落, 可復種而生矣, 此四德之所以循環而无端也. 然而四者之間, 生氣流行, 初无間斷, 此元之所以包四德而統天也."

93) 원래 ~ 뿐이다:『이정유서(二程遺書)』卷11,「사훈(師訓)」에 나온다. "繫辭曰: '形而上者謂之道, 形而下者謂之器.' 又曰: '立天之道曰陰與陽, 立地之道曰柔與剛, 立人之道曰仁與義.' 又曰: '一陰一陽之謂道.' 陰陽亦形而下者也而曰道者, 惟此語截得上下最分明, 元來只此是道, 要在人默而識之也."

함이 있을 뿐이다. 그 유행함의 통체(統體, 전체)를 가지고 말하면 건(乾)이라고만 말해도 포함되지 않음이 없다"94) 했는데, 이 뜻 또한 그러하다.

> 《易》·《乾卦·象傳》·《本義》曰: "盖嘗統而論之, 元者物之始生, 亨者物之暢茂, 利則向於實也, 貞則實之成也。實之旣成, 則其根蔕脫落, 可復種而生矣, 此四德之所以循環而無端也。然而四者之間, 生氣流行, 初無間斷, 此元之所以包四德而統天也。" 朱子論理氣諸說, 惟此語最直截明白, 與程伯子"元來只此是道"一語恰符。其他隨人抑揚處, 以此語折而通之, 則自可無窒礙。《文言·本義》又曰: "天地間本一氣之流行, 而有動靜爾, 以其流行之統體而言, 則但謂之乾, 而無所不包。" 其意亦然。

22 이천(伊川, 정이)의 『정씨경설(程氏經說)』에서 "한 번 음(陰)이 되고 한 번 양(陽)이 되는 것을 도(道)라고 한다"95)를 해석하여 말하길 "도는 일음일양(一陰一陽)이다. 동정은 실마리가 없고 음양은 시작이 없나니, 도를 아는 자가 아니라면 누가 알겠는가?"96) 했는데, 소이(所

---

94) 천지 사이에는 ~ 없다: 『주역본의(周易本義)』 건괘(乾卦) 문언전(文言傳)에 나온다. "剛, 以體言; 健, 兼用言; 中者, 其行无過不及; 正者, 其立不偏; 四者, 乾之德也。(──) 或疑乾剛无柔, 不得言中正'者, 不然也。天地之間本一氣之流行, 而有動靜爾。以其流行之統體而言, 則但謂之乾, 而无所不包矣。以其動靜分之然後, 有陰陽剛柔之別也。"

95) 한 번 ~ 한다: 『주역(周易)』 「계사 상(繫辭上)」에 나온다. "一陰一陽之謂道; 繼之者, 善也; 成之者, 性也。"

96) 도는 ~ 알겠는가?: 『정씨경설(程氏經說)』 권1, 「역설(易說)」에 나온다.

以) 자를 붙이기를 기다릴 것 없이 그 의미가 이미 명확하니 백자(伯子, 정호)의 말과 합치된다. 「어록(語錄)」 내의 '소이' 자는 다만 기(氣)에 나아가 그 리(理)를 가리켜 말하면서 분별하는 데 뜻을 두었기에 부득이 이 두 글자를 붙인 것이다. 읽는 자가 묵묵히 아는 것이 옳다. 정암(整庵, 나흠순)이 매번 이천(伊川, 정이)과 주자를 논하면서 한 곳으로 정해지지 못했다 하는데, 두루 고찰하지 않고 또 구절에 얽매여 그 의미를 묵묵히 알지 못했기 때문에 그런 것이다.

伊川《易說》釋"一陰一陽之謂道", 曰: "道者, 一陰一陽也。動靜無端, 陰陽無始, 非知道者, 孰能識之?" 不待著所以字, 其義已明, 與伯子說合。《語錄》中所以字, 特就氣上指言其理, 意在分別, 故不得已著此二字。讀者默而識之, 可也。整庵每議伊川及朱子以爲未定于一, 由其未及博考, 而又滯於言句, 不能默識其意而然也。

신 아닌 것이 없다

23 신(神) 아닌 것이 없다. 하늘에 있는 것을 신이라 하고 땅에 있는 것을 기(示)라 하고 사당에 있는 것을 귀(鬼)라 하고 사람과 사물에 있는 것을 심(心)이라 한다. 온갖 곳에 꽉 차고 흘러넘쳐 과거로부터 지금에 이르기까지 유행하면서 다함이 없는 것이 모두 이 신이다. 그러므로 집는 것마다 있는 곳마다 즉시 감응한다. 천지와 조종(祖宗), 일월과 풍뢰(風雷), 산림과 천택(川澤), 어룡(魚龍)과 금수(禽獸), 곤충과 초목에 이르기까지 천지 사이에 형상이 있어 상(像)을 세우고 본뜰 수 있는 모든 것에 제사를 지낼 수 있고 또 충만하여 옆에 있는 듯한 감응이 있다. 이것이 이른바 "사물의 본체가 되어 빠뜨릴 수 없다"[97]는 징험이다. 합하여 말하면 단지 하나의 신이고 나누어 말하면 만물이 각각 신을 갖고 있다. 이른바 "이치는 하나이고 나뉨에 다르다"를 여기서 또한 볼 수 있다.

> 莫非神也。在天曰神, 在地曰示, 在廟曰鬼, 在人物曰心。在在處處,
> 充周洋溢, 亘古亘今, 流行不窮者, 皆是物也。是故隨拈隨在, 卽感卽
> 應。自夫天地祖宗, 日月風雷, 山林川澤, 以至魚龍禽獸, 昆蟲草木,

---

97) 사물의 ~ 없다:『중용(中庸)』16장에 나온다. "子曰: 鬼神之爲德, 其盛矣乎!
視之而弗見, 聽之而弗聞, 體物而不可遺。使天下之人齊明盛服, 以承祭祀。洋洋
乎! 如在其上, 如在其左右。詩曰: '神之格思, 不可度思! 矧可射思!' 夫微之顯, 誠
之不可揜如此夫。"

凡天地之間有象可象, 有形可擬者, 無不可祀, 而有洋洋如在之應
焉。此卽所謂"體物不可遺"之驗也。蓋合而言之, 只是一箇神也; 分
而言之, 萬物各有其神也。所謂理一分殊, 此亦可見。

24　제사에 흠향이 있고 점 침에 응함이 있고 꿈에 징험이 있고 약과
음식이 병을 낫게 하고 비와 이슬이 마른 초목을 소생시키고 분뇨가
땅을 비옥하게 하는 이 모든 것이 다만 하나의 신(神)이다.

祭祀之有歆, 卜筮之有應, 夢寐之有驗, 藥餌之已病, 雨露之蘇枯,
糞穢之膏土, 摠只是一箇神。

25　지난날『중용(中庸)』귀신장(鬼神章)을 읽을 때 '재계하고 마음을
깨끗이 하며 의복을 차려 입고'라는 이 단락에서 매번 답답함을 느꼈다.
『장구(章句)』에서 이 단락을 사물의 본체가 되어 빠뜨릴 수 없는 것의
징험으로 풀었는데,98) 억지로 말할 수는 있지만 완전히 풀리지 않고
의심이 마음에 쌓인 지 수십 년이 되었다. 기묘년(1759년, 49세) 겨울
녹려(鹿廬)에서 우연히 이 장을 가져다 한두 번 읽다가 얼음이 녹아내리
듯 환연히 온몸에 퍼져가는 느낌이 들면서 사람들에게 형용할 수 없는
것이 있었는데, 사려가 막힌 것이 느닷없이 뚫려서 그러한 것인가? 아니

98)『장구(章句)』에서 ~ 풀었는데:『중용장구(中庸章句)』16장의 주자 주이다.
"能使人畏敬奉承, 而發見昭著如此, 乃其體物而不可遺之驗也。"

면 조예가 조금 진보하여 전날에 억지로 헤아리던 때와는 다른 것인가?

> 舊讀《中庸》鬼神章, 於"齋明盛服"一段, 每覺不快, 而《章句》以此爲
> 體物不遺之驗者, 雖强說得去, 而未能融釋, 蓄疑在心者, 積數十年。
> 己卯冬在鹿廬, 偶取此章一再諷誦, 便覺渙然氷融, 布乎四體, 有不
> 能以語人者, 豈思慮有時通窒而然耶? 抑所造或有寸進, 與前日强
> 揣度時不同耶?

26   도암(陶庵, 이재)께서 일찍이 배우는 자들에게 "체제(禘祭)의 설을 알면 어떤 이유로 천하의 일에 능함이 마치 손바닥을 가리킨 것과 같은가?"[99] 물었다. 박사수(朴士洙, 박성원: 1697-1767)[100]가 수백 글자의 「체설(禘說)」을 지어 올렸으나 선생께서는 허여하지 않았다. 내가 돌아와 편지로서 질정하였는데 대개 주석을 본떠 말한 것이었다.[101]

---

99) 체제(禘祭)의 ~ 같은가?: 『논어(論語)』 「팔일(八佾)」에 나온다. "或問禘之 說。子曰: '不知也。知其說者之於天下也, 其如示諸斯乎!' 指其掌。"

100) 박사수(朴士洙): 박성원(朴聖源, 1697-1767)은 자는 사수이고 호는 겸재 (謙齋)이다. 이재의 제자이다.

101) 내가 ~ 것이었다: 『도암집(陶菴集)』 권14, 「답임중사문목(答任仲思問目)」 에 임성주의 질문이 실려 있다. "禘說竊思之, 凡所謂知者, 必洞然眞知, 如見眼 前物, 然後方可謂之知也。而平易切近之事, 則或可以推類而通神會而知矣。至 於禘, 則其爲道也, 至深至幽至闊至遠。苟非玩理積久, 深詣實造, 如聖人之窮 神知化, 如聖人之仁孝誠敬, 則決不能洞然融會也。是故能眞知此說時, 其地位 已到至處。天下之理, 無不可知; 天下之物, 無不可感, 而於治天下, 自當沛然 矣。蓋天下之事, 幽顯近遠, 一理而已, 而知之有難易, 感之有深淺。若能於其難 者深者, 知之感之, 則易者淺者, 固可知矣。大抵此義, 別無巧妙, 只當識得知禘 說時, 其義理已大段明白, 其德性已十分成就, 於天下事, 自然沛乎無窒碍耳。"

선생께서 답하길 "모름지기 『중용』 귀신 장(『중용』 16장)부터 '체 제사와 상 제사의 뜻[禘嘗之義]'(『중용』 19장)[102]까지를 숙독하여 실제로 이 이치를 보아 안 연후에야 비로소 논의할 수 있다"[103] 했다. 내가 또 그 말대로 독서했지만 그 의미를 알지 못했고 마침내 평범한 문답으로 간주하고 내버려두었다. 이제 그 말씀의 명백하고 절실함이 답하지 않은 것 같지만 실제로는 숨김이 없음을 깨달으니 선생께서 본 곳이 지극히 높고 상정(常情)으로 미칠 바가 아님을 알 수 있다. 거듭 읽어보니 갱장(羹墻)의 그리움이[104] 더욱 절실하다.

> 陶庵嘗與學者設問云: "知禘之說, 何故便能於天下也, 如指諸掌?" 朴士洙作禘說累百言以進, 先生未之許也. 余歸而以書質之, 大槩依倣註說. 先生答云: "須熟讀《中庸》鬼神章, 至禘嘗之義, 實見得此理, 然後方可議也." 余又依其言讀之, 未見其味, 遂認作泛然答問之語而置之矣. 今覺其明白深切, 似不答而實無隱, 有以見先生見處極高, 非常情所及也. 三復以還, 倍切羹墻之慕.

如何如何?"

102) 체 제사와 ~ 제사의 뜻[禘嘗之義]: 『중용(中庸)』 19장. "郊社之禮, 所以事上帝也. 宗廟之禮, 所以祀乎其先也. 明乎郊社之禮, 禘嘗之義, 治國, 其如示諸掌乎!"

103) 모름지기 ~ 있다: 『도암집(陶菴集)』 권14, 「답임중사문목(答任仲思問目)」에 나온다. "所示幽顯一理, 知感深淺一段, 明白可喜, 大體則固如此. 但自禘而於天下上, 語脉承接, 未能分曉, 終是混圖說去矣. 必熟讀《中庸》鬼神章至禘嘗之義, 實見得此理, 然後方可以洞然眞知, 如見眼前物矣. 如何如何?"

104) 갱장(羹墻): 돌아가신 스승을 사모하고 그리워하는 모습을 형용하는 말이다. 『후한서(後漢書)』 권63, 「이고열전(李固列傳)」에 나온다. "昔堯殂之後, 舜仰慕三年, 坐則見堯於牆, 食則睹堯於羹."

도암, 공자를 바라며 위로 나아간 분

27　도암(陶庵, 이재)께서 또 일찍이 두 폭의 종이에, 하나는 "'높은 산을 우러러보며 큰 길을 걸어간다'105) 했는데, 공자께서 말씀하길 '시에서 인(仁)을 좋아함이 이와 같다. 도를 향하여 가다가 중도에 쓰러지더라도, 몸이 늙음을 잊어 남은 연수가 부족한 줄을 모르고서 열심히 날로 부지런히 하여 죽은 후에야 그치는구나'라고 했다'106) 쓰고, 하나는 "'가는 것이 이와 같구나. 밤이고 낮이고 멈추는 법이 없도다'107) 했는데, 정자께서 말씀하길 '여기서 성인의 마음이 순수하여 또한 그치지 않음[純亦不已]을 알 수 있다. 순수하여 그침이 없는 것은 하늘의 덕이다. 하늘의 덕을 소유한 자라야 왕도(王道)를 말할 수 있는데, 그 요체는 단지 홀로 있을 때 삼가는 것이다'라고 했다'108) 썼다. 때때로 배우는 자들에게 큰 소리로 읽게 하여 이를 듣거나 혹은 스스로 낭송했다. 또 사천(事天, 하늘을 섬기다) 두 글자를 크게 써서 마주한 벽 위에

---

105) 높은 산을 ~ 걸어간다: 『시경(詩經)』「소아 상호지십(小雅桑扈之什)」 차할 (車舝)편에 나온다.

106) 높은 산을 ~ 라고 했다: 『예기(禮記)』「표기(表記)」에 나온다. "《小雅》曰: '高山仰止, 景行行止.' 子曰: '詩之好仁如此, 鄕道而行, 中道而廢, 忘身之老也, 不知年數之不足, 俛焉日有孶孶, 斃而後已.'"

107) 가는 것이 ~ 없도다: 『논어(論語)』「자한(子罕)」에 나온다. "子在川上, 曰: '逝者如斯夫! 不舍晝夜.'"

108) 가는 것이 ~ 라고 했다: 『근사록(近思錄)』 권4, 「존양(存養)」에 나온다. "子在川上, 曰: '逝者如斯夫! 不舍晝夜.' 自漢以來, 儒者皆不識此義. 此見聖人之心, 純亦不已也. 純亦不已, 天德也. 有天德, 便可語王道. 其要只在愼獨."

높이 걸어두었다.

> 陶庵又嘗用二幅紙, 一書"'高山仰止, 景行行止.' 子曰: '詩之好仁如
> 此! 鄉道而行, 中道而廢, 忘身之老也, 不知年數之不足也, 俛焉日有
> 孶孶, 斃而後已.'" 一書"'逝者如斯夫! 不舍晝夜.' 程子曰: '此見聖人
> 之心, 純亦不已也, 純亦不已, 天德也. 有天德便可語王道, 其要只在
> 謹獨.'" 時使學者高聲諷讀而聽之, 或自朗誦. 又大書事天二字, 高
> 揭于面前壁上.

28　　안음(安陰, 경상남도 함양 지역의 옛 지명) 사람 신수이(愼守彝,
1688~1768)[109]가 도암(陶菴, 이재)을 뵙고 수개 월 동안 문하에 있은
후에 비로소 집지(執贄)하고 배움을 청하며 말하길 "제가 영남에 있을
때 선생님의 성대한 명망을 듣고서 속으로 처지가 좋아서 그런 것이지
어찌 이런 정도까지 이를 수가 있겠는가 하고 생각했습니다. 이번에
와서 선생님의 행동을 자세히 살펴보고 선생님의 말씀을 듣고서 명망이
실제에 못 미침을 알았습니다. 선생님은 공자를 바라보면서 위로 나아
가시는 분입니다. 바라건대 이 신수이가 뒤를 따름을 잊지 마시고 자주
자주 돌아봐 주십시오"[110] 했다. 기걸한 인물[奇士]이라 할 만하다.

---

109) 신수이(愼守彝): 신수이(愼守彝, 1688-1768)는 자는 군서(君敍)이고 호는
　　황고(黃皐)이다.
110) 제가 ~ 주십시오:『황고집(黃皐集)』권8,「행장(行狀)에 나온다. "始執贄請
　　學曰: '某在嶺外, 聞先生名甚盛, 意謂處地好故然爾, 豈至於此乎? 今來熟察先
　　生之言行, 乃知名不如實. 先生望孔子而上者, 幸毋忘此愼守彝隨後, 頻頻回

【안여송에게 들었다.】

> 安陰人愼守彛謁陶庵, 居門下數月, 然後始執贄請學曰: "某在嶺外,
> 聞先生名甚盛, 意謂處地好故然爾, 豈至於此乎? 今來熟見先生之
> 行, 聽先生之言, 乃知名不如實。先生望孔子而上者也, 幸毋忘此愼
> 守彛隨後, 頻頻顧見也。" 可謂奇士。【聞之安如松】

29   사람의 몸이 하늘이라는 뜻을 포함하고 있는데, 그 밖으로 드러
날 때에는 환하게 얼굴에 드러나고 등에 넘쳐흐르며 온몸에 퍼지는
것을111) 도암(陶庵, 이재)에게서 볼 수 있다.

> 人底軀殼, 包涵得天底意思, 其生色也, 粹然見於面, 盎於背, 施於四
> 體, 於陶翁見之。

顧也。'"
111) 그 밖으로 ~ 퍼지는 것을: 『맹자(孟子)』진심 상(盡心上)에 나온다. "君子所
性, 仁義禮智, 根於心。其生色也, 睟然見於面, 盎於背, 施於四體。四體, 不言而
喩。"

성경이 신이다

30   정자가 말했다. "경(敬)에 입각하여 자신을 닦아서 백성을 안정시키고,[112] 공손함을 독실하게 행함에 천하가 화평해지는 것이니,[113] 오직 상하가 공경함을 한결같이 한다면 천지가 스스로 제자리를 잡고 만물이 절로 길러지며 기운이 조화롭지 않음이 없을 것이어서 네 영물[四靈]이[114] 어째서 이르지 않겠는가? 이것은 믿음을 체득하여 천하에 순조로이 통하게 하는[115] 도리이니, 총명하고 지혜로운 것이 모두 이를 말미암아 나오며 이것으로 하늘을 섬기고 상제를 제사하는 것이다. 그러므로 『중용(中庸)』에서 귀신의 성대한 덕을 말하며 '은미한 것이 드러나나니, 정성을 가릴 수 없음이 이와 같구나'[116] 하고 끝맺은 것이다."[117] 말씀이 지극히 심원하고 핍절하고 오묘하니 학문이 지극한 경지에 이르지 못하면 결단코 말할 수 없는 것이다. 이 말은 원래 하늘을

---

112) 경(敬)에 ~ 안정시키고: 『논어(論語)「헌문(憲問)」에 나온다. "子路問君子。子曰: '修己以敬。' 曰: '如斯而已乎?' 曰: '修己以安人。' 曰: '如斯而已乎?' 曰: '修己以安百姓。修己以安百姓, 堯舜, 其猶病諸。'"

113) 공손함을 ~ 것이니: 『중용(中庸)』 33장에 나온다. "《詩》曰: '不顯惟德, 百辟其刑之。' 是故, 君子篤恭而天下平。"

114) 네 영물[四靈]: 기린[麟], 봉황[鳳], 거북이[龜], 용(龍)을 가리킨다. 『예기(禮記)「예운(禮運)」에 나온다. "何謂四靈? 麟鳳龜龍, 謂之四靈。"

115) 믿음을 ~ 통하게 하는: 『禮記「예운(禮運)」에 나온다. "先王能修禮以達義, 體信以達順故, 此順之實也。"

116) 은미한 ~ 이와 같구나: 『중용(中庸)』 16장에 나온다. "夫微之顯, 誠之不可揜, 如此夫!"

117) 경(敬)에 ~ 끝맺은 것이다: 『이정유서(二程遺書)』 권6에 나온다.

섬기고 상제를 제사하는 것과 백성을 안정시키는 것이 모두 다만 하나
의 성경(誠敬)이고 또한 하나의 신(神)임을 말한 것이니, 도에 깊이
나아간 후에 스스로 묵묵히 알아야 한다.

> 程子曰: "修己以敬, 以安百姓, 篤恭而天下平, 惟上下一於恭敬, 則
> 天地自位, 萬物自育, 氣無不和, 四靈何由不至? 此體信達順之道, 聰
> 明睿智, 皆由是出, 以此事天饗帝, 故《中庸》言'鬼神之德盛', 而終之
> 以'微之顯, 誠之不可揜如此!'" 說得至深, 至切, 至妙, 至遠, 學不到
> 至處, 決不能道. 此語元來事天饗帝與安百姓, 摠只是一箇誠敬, 亦
> 只是一箇神, 造道深後, 自當默識之.

31 "나아가 신명을 이르게 할 적에 말이 없어, 이에 다투는 자가
있지 않는다.[118] 그러므로 군자는 상 주지 않아도 백성들을 권면하며,
노하지 않아도 백성들이 작두와 도끼보다 두려워한다."[119] 이는 분명히
귀신과 백성을 합하여 말한 것이다. "『시경(詩經)』에 이르기를 '나는 밝은
덕(德)이 음성과 얼굴빛을 대단찮게 여김을 생각한다'[120] 했는데, 공자
가 '음성과 얼굴빛은 백성을 교화시킴에 지엽적인 것이다' 했다. 『시경』
에 이르기를 '덕은 가볍기가 터럭과 같다'[121] 하였는데, 터럭도 오히려

---

118) 나아가 ~ 않는다: 『시경(詩經)』「상송(商頌)」열조(烈祖)편에 나온다.
119) 나아가 ~ 두려워한다: 『중용(中庸)』33장에 나온다.
120) 나는 ~ 생각한다: 『시경(詩經)』「대아 문왕지십(大雅文王之什)」황의(皇
    矣)편에 나온다.
121) 덕은 ~ 같다: 『시경(詩經)』「대아 문왕지십(大雅文王之什)」황의(皇矣)편

비교할 만한 것이 있으니, '상천(上天)의 일은 소리도 없고 냄새도 없다'는[122) 표현이어야 지극하다 할 것이다'[123) 했는데, 아, 참으로 지극하구나!

> "奏假無言, 時靡有爭。是故君子不賞而民勸, 不怒而民威於鈇鉞。"
> 此則分明合神與民而言之。《詩》云:'予懷明德, 不大聲以色。'子
> 曰:'聲色之於以化民, 末也。'《詩》云:'德輶如毛。'毛猶有倫,'上天之
> 載, 無聲無臭', 至矣。"噫, 信乎其至矣!

32　"상제께서 그대에게 임하였으니, 그대 마음에 의심하지 말지어다"[124)는 하늘의 신(神)이다. "문왕(文王)의 오르내리심이 상제의 좌우에 있도다"[125)는 조상의 신이다. "씀[用]을 이롭게 하며 나가고 들어와, 백성들이 모두 사용한다"[126)는 백성의 신이다. "고요히 움직이지 않다가 감응하면 마침내 통한다"[127)는 나의 신이다. "신묘하므로 빠르게

에 나온다.
122) 상천(上天)의 일은 ~ 없다: 『시경(詩經)』 「대아 문왕지십(大雅文王之什)」 문왕(文王)편에 나온다.
123) 『시경』에 ~ 할 것이다: 『중용(中庸)』 33장에 나온다.
124) 상제께서 ~ 말지어다: 『시경(詩經)』 「대아 문왕지십(大雅文王之什)」 대명(大明)편에 나온다.
125) 문왕(文王)의 ~ 있도다: 『시경(詩經)』 「대아 문왕지십(大雅文王之什)」 문왕(文王)편에 나온다.
126) 씀[用]을 ~ 사용한다: 『주역(周易)』 「계사 상(繫辭上)」에 나온다. "是故闔戶謂之坤, 闢戶謂之乾, 一闔一闢謂之變, 往來不窮謂之通, 見乃謂之象, 形乃謂之器, 制而用之謂之法, 利用出入, 民咸用之謂之神。"

하지 않고서도 빠른 것이며 가지 않고서도 이른 것이다"128) 하였으니,
안팎과 유현(幽顯: 감춤과 드러남)이 혼연히 일치하여 백성들로 제사를
받들게 하니,129) 원래 두 가지 법(法)이 있지 않았다.

"上帝臨汝, 毋貳爾心." 天之神也。"文王陟降, 在帝左右." 祖考之神
也。"利用出入, 民咸用之." 民之神也。"寂然不動, 感而遂通." 我之
神也。"惟神也, 故不疾而速, 不行而至." 內外幽顯, 渾是一致, 使民
承祭, 元無二法。

33　"은미한 것이 들어나니, 정성을 가릴 수 없음이 이와 같구나"130)
는 본체이며 응험(應驗)이다. "성인이 이것을 가지고 재계하여 그 덕(德)
을 신명(神明)하게 한다"131)는 공부이다. 곧 본체이며, 공부이며, 응험
이니, 신(神) 또한 이와 같고, 백성 또한 이와 같다.

---

127) 고요히 ~ 통한다: 『주역(周易)』「계사 상(繫辭上)」에 나온다. "易无思也, 无
爲也, 寂然不動, 感而遂通天下之故. 非天下之至神, 其孰能與於此."
128) 신묘하므로 ~ 이른 것이다: 『주역(周易)』「계사 상(繫辭上)」에 나온다. "唯
深也, 故能通天下之志; 唯幾也, 故能成天下之務; 唯神也, 故不疾而速, 不行而
至."
129) 백성들로 ~ 하니: 『중용(中庸)』16장에 나온다. "使天下之人, 齊明盛服, 以承
祭祀. 洋洋乎! 如在其上, 如在其左右."
130) 은미한 것이 ~ 이와 같구나: 『중용(中庸)』16장에 나온다.
131) 성인이 ~ 신명(神明)하게 한다: 『주역(周易)』「계사 상(繫辭上)」에 나온다.
"是以明於天之道, 而察於民之故, 是興神物以前民用. 聖人以此齋戒, 以神明其
德夫."

"微之顯，誠之不可揜，如此夫！"本體也，應驗也；"聖人以此齋戒，以
神明其德夫。"工夫也。卽本體，卽工夫，卽應驗，神也如此，民也亦
如此。

성과 태극은 다르지 않다

34　만물이 각각 하나의 리(理)를 갖추고 있는 것은 분수(分殊, 나누어 달라짐)이고 각각 하나의 태극을 갖추고 있는 것이다. 만 가지 리가 하나의 근원에서 똑같이 나온 것은 이일(理一, 이치는 하나다)이고 전체가 하나의 태극인 것이다.132)

　　　萬物各具一理, 分殊也, 各具一太極也; 萬理同出一原, 理一也, 統體
　　　一太極也。

35　주자가 『태극도해(太極圖解)』에 이르길 "그 기질(氣質)을 따라서 품수 받은 바가 같지 않으니 이른바 '저마다 그 성(性)을 한 가지씩 가진다'133)는 것이다. 저마다 그 성을 한 가지씩 가지면 혼연한 태극의 전체가 한 사물 속에 저마다 갖추어지지 않음이 없음을 또한 볼 수 있다"134)고 했다. 예전에 이 부분을 읽으면서 각일기성(各一其性, 저마

---

132) 만물이 ~ 태극인 것이다: 주자의 「태극도설해(太極圖說解)」에 나온다. "蓋
　　合而言之, 萬物統體一太極也; 分而言之, 一物各具一太極也。"또한『대학혹문
　　(大學或問)』에도 나온다. "蓋萬物各具一理, 而萬理同出一原。此所以可推而
　　無不通也。"

133) 저마다 ~ 가진다: 주돈이(周敦頤)의 「태극도설(太極圖說)」에 나온다. "五行,
　　一陰陽; 陰陽, 一太極也; 太極本無極也。五行之生也, 各一其行。"

134) 그 기질(氣質)을 ~ 볼 수 있다: 주자의 「태극도설해(太極圖說解)」에 나온다.
　　"天下豈有性外之物哉! 然五行之生, 隨其氣 質而所稟不同, 所謂各一其性也。

다 그 성을 한 가지씩 가진다)은 기(氣)에서 떨어지지 않는 것으로 말했으니 오행과 만물이 각각 다르다고 생각했었고, 혼연태극(渾然太極, 혼연한 태극)은 기에 섞이지 않는 것으로 말했으니 오행과 만물이 모두 같다고 생각했었다. 근래에 여러 날 동안 깊이 생각해 보니 그렇지 않다는 것을 알게 되었다. 이른바 '혼연한 (태극의) 전체가 저마다 갖추어지지 않음이 없다'는 이 저마다 (성을) 한 가지씩 가진 곳에 나아가 천리(天理)가 완전하여 흠결이 없음을 말한 것일 뿐이지 한 사물마다 저마다 만리(萬理, 만 가지의 이치)를 갖추고 있음을 말한 것이 아니다. 만약 그렇지 않다면 주자가 뒤의 「논(論)」에 어째서 '저마다 하나의 태극을 갖추고 있음'을 '저마다 하나의 리(理)를 갖추고 있음'으로[135] 해석하였는가? 각구일리(各具一理, 저마다 하나의 리를 갖추고 있다)와 각구만리(各具萬理, 저마다 만리를 갖추고 있다)는 말의 뜻이 본래 같지 않다. 평정한 마음으로 살펴보면 자연히 알 수 있을 것이다. 요즘 사람들이 대부분 나의 옛 견해처럼 성과 태극이 서로 다르지 않을 수 없다고 하며 이에 "성에는 치우침과 온전함이 있으나 리는 온전하지 않음이 없다"[136]고 말하나

各一其性, 則渾然太極之全體, 無不各具於一物之中, 而性之無所不在, 又可見矣。"

135) 저마다 ~ 갖추고 있음:『성리대전(性理大全)』권1,「태극도(太極圖)」에 주자의 '태극도설해'(太極圖說解)를 병기하고 뒤이어 주자가 자신의 입장을 논변한 '논왈'(論曰)을 부기했다. "萬物之生, 同一太極者也。而謂其各具, 則亦有可疑者。° 然一物之中, 天理完具, 不相假借, 不相陵奪, 此統之所以有宗, 會之所以有元也。是則安得不曰各具一理哉。"

136) 성에는 ~ 없다:『한수재선생문집(寒水齋先生文集)』권卷12,「답채군범(答蔡君範)」에 채지홍(蔡之洪, 1683~1741)의 질문에 권상하(權尙夏, 1641~1721)가 답변한 내용이 나온다. "'性與太極, 亦有分別乎?' 理無不全, 性有偏全。性與太極不同之說然矣。"

또한 그릇된 것이다.【불리(不離, 떨어지지 않음)와 부잡(不雜, 섞이지 않음)을 동이(同異, 같음과 다름)로 분속할 수 없다. 일원(一原)에도 불리부잡(不離不雜, 떨어지지 않음과 섞이지 않음)이 있고, 분수(分殊)에도 불리부잡이 있다.】

朱子《太極圖解》曰: "隨其氣質而所禀不同, 所謂各一其性也。各一其性, 則渾然太極之全體, 無不各具於一物之中, 又可見矣。" 舊讀此, 認謂各一其性, 以不離乎氣者言也, 五行萬物各異; 渾然太極, 以不雜乎氣者言也, 五行萬物皆同。近者屢日深思, 乃見其不然。盖所謂 "渾然全體, 無不各具" 者, 謂卽此各一處, 天理完全, 無所虧欠耳, 非謂一物各具萬理也。苟非然者, 朱子於後《論》中, 何以釋各具一太極, 以各具一理乎? 夫各具一理與各具萬理, 語意自不同。平心察之, 自可見矣。今人類皆如愚舊見, 而性與太極, 不能無差互, 則乃曰: "性有偏全, 而理無不全。" 其亦謬矣。【不離不雜, 亦不可分屬同異。一原處亦有不離不雜, 分殊處亦有不離不雜。】

36 일원처(一原處)에서 말한다면 "만물이 전체가 하나의 태극이다",[137) "천하에 성(性) 밖의 사물이 없다"[138)고 하는 것으로 성과

---

137) 만물이 ~ 태극이다: 주자의 「태극도설해(太極圖說解)」에 나온다. "蓋合而言之, 萬物統體一太極也; 分而言之, 一物各具一太極也。"

138) 천하에 ~ 없다: 주자의 『태극도설해(太極圖說解)』에 나온다. "夫天下無性外之物, 而性無不在, 此無極二五所以混融而無間者也, 所謂妙合者也。"

태극이 모두 크다. 분수처(分殊處)에서 말한다면 "만물이 저마다 하나의 태극을 갖추고 있다",139) "성은 있지 않은 곳이 없다"140)고 하는 것으로 성과 태극이 모두 작다. 바로 『중용(中庸)』의 이른바 "작은 덕은 냇물의 흐름이요 큰 덕은 조화를 도탑게 한다"141)는 것으로 주자께서 아래 글에서 "군자가 큰 것을 말하면 천하가 능히 싣지 못하고 작은 것을 말하면 천하가 능히 깨뜨리지 못한다"142)를 인용하며 말을 맺었으니 그 의미가 더욱 또렷하다.【삼연(三淵, 김창흡[金昌翕]: 1653-1722)143)이 "만물을 합하여 말함에 하나의 태극이 있는 것은 큰 것이고 한 사물에 나아가 말함에 또한 하나의 태극이 있는 것은 작은 것이다. 태극에는 크고 작음의 구분이 있지 않지만 혼벽(混闢, 닫힘과 나뉨)을 가지고 말하자면 본래 이와 같은 것이다"144) 했는데, 매우 명백하다.】 나의 구설(舊說)은 곧 겨자씨를 수미산(須彌山)에 들여놓는 것145)으로 대소의 구별이 없으니 곧 이른바 이일(理一)이지 분수(分殊)를 말하는

---

139) 만물이 ~ 있다: 주자의 「태극도설해(太極圖說解)」에 나온다. "蓋合而言之,
   萬物統體一太極也; 分而言之, 一物各具一太極也。"

140) 성은 ~ 없다: 주자의 『태극도설해(太極圖說解)』에 나온다. "夫天下無性外之
   物, 而性無不在, 此無極二五所以混融而無間者也, 所謂妙合者也。"

141) 작은 덕은 ~ 한다:『중용(中庸)』30장에 나온다. "萬物竝育而不相害, 道竝行
   而不相悖, 小德川流, 大德敦化, 此天地之所以爲大也。"

142) 군자가 ~ 못한다:『중용(中庸)』12장에 나온다.

143) 삼연(三淵): 김창흡(金昌翕, 1653-1722)은 자는 자익(子益)이고 호는 삼연
   (三淵)이며 시호는 문강(文康)이다. 김수항(金壽恒)의 아들이며 김창집(金
   昌集)과 김창협(金昌協)의 아우이다.

144) 만물을 ~ 것이다:『삼연집(三淵集)』권35, 「만록(漫錄)」에 나온다.

145) 겨자씨를 ~ 들여놓는 것:『대혜보각선사보설(大慧普覺禪師普說)』권8에 나
   온다. "以至芥子納須彌, 須彌納芥子之類, 亦非假於他術。"

바가 아니다.

> 自一原處言之, 則曰"萬物統體一太極", 曰"天下無性外之物", 而性
> 與太極俱大; 分殊處言之, 則曰"萬物各具一太極", 曰"性無不在", 而
> 太極與性俱小. 正《中庸》所謂"小德川流, 大德敦化."者, 而朱子於
> 下文, 引"君子語大, 天下莫能載; 語小, 天下莫能破." 一語以結之,
> 則其意尤躍如矣.【三淵曰: "合萬物而言之, 爲一太極大也; 卽一物
> 而言之, 亦一太極小也. 太極非有大小, 以混闢言之, 自如此." 却甚
> 明白.】若愚舊說, 卽是芥子納須彌, 更無大小之別, 乃所謂理一, 而
> 非所以語分殊也.

37   "하늘의 도를 세워서 음과 양이라 한다"는 것은 천극(天極)이요, "땅의 도를 세워서 유(柔)와 강(剛)이라 한다"는 것은 지극(地極)이요, "사람의 도를 세워서 인(仁)과 의(義)라 한다"는 것은 인극(人極)이다.[146] 이것이 이른바 삼극(三極)이며, 소위 "만물이 저마다 하나의 태극을 갖추고 있다"는 그 근본이 여기에서 나왔다. 삼극의 도는 진실로 하나일 뿐이지만 음양은 기(氣)로써 말한 것이고 유강은 질(質)로써 말한 것이고 인의는 덕으로 말한 것인데, 본래 그 나뉘어 달라짐에 어지럽힐 수 없는 바가 있으니, 천극(天極)이 지극(地極)과 다름에 진실로 해가 되지 않고, 지극이 인극(人極)과 다름에 진실로 해가 되지 않는

---

146) 하늘의 ~ 인극(人極)이다: 주자의 『태극도설해(太極圖說解)』에 나온다. "故
    曰: 立天之道曰陰與陽, 立地之道曰柔與剛, 立人之道曰仁與義."

다. 그렇다면 만물이 저마다 갖추고 있는 태극을 또한 어째서 그 하나의
근본으로 개괄하고 그 나뉘어 달라짐을 살피지 않을 수 있겠는가!

> "立天之道曰陰與陽", 是爲天極; "立地之道曰柔與剛", 是爲地極;
> "立人之道曰仁與義", 是爲人極。此所謂三極, 而所謂"萬物各具一
> 太極"者, 其本蓋出乎此。夫三極之道, 固一而已, 然陰陽以氣言, 剛
> 柔以質言, 仁義以德言, 而其分之殊, 自有不可亂者, 則天極固不害
> 其異於地極, 地極固不害其異於人極矣。然則萬物各具之太極, 亦
> 何可槩以其本之一, 而不察其分之殊乎!

38 물의 본성은 적시며 내려간다. 적시며 내려감이 곧 물이 갖추고
있는 태극이다. 불의 본성은 타오른다. 타오르는 것이 곧 불이 갖추고
있는 태극이다. 열기는 부자(附子)의 본성이며 또한 부자의 태극이다.
차가움은 대황(大黃)의 본성이며 또한 대황의 태극이다. 대개 성(性)이
곧 리(理)이고, 리는 태극이다. 합하여 말하자면 만물은 동일한 하나의
성(性)과 동일한 하나의 태극을 가지고 있으며 그 큼은 외부가 없다. 나
누어 말하자면 만물은 저마다 하나의 성(性)과 하나의 태극을 가지고
있으며 그 작음은 내부가 없다.

> 水之性潤而下, 潤下卽水之所具之太極也; 火之性炎而上, 炎上卽火
> 之所具之太極也。熱爲附子之性, 而亦附子之太極也; 寒爲大黃之
> 性, 而亦大黃之太極也。蓋性卽理, 理卽太極。合而言之, 則萬物同

一性, 同一太極, 而其大無外; 分而言之, 則萬物各一性, 各一太極, 而其小無內。

39　극(極)은 다만 지극하다는 뜻이다. 하나의 사물이 비록 작고, 하나의 일이 비록 치우쳐있더라도 그 속에 나아가면 천리가 완전히 갖추어져 있어 서로 빌리지도 아니하고 서로 빼앗지도 아니하여 다시 보탤 것이 없으니, 이것이 바로 태극의 전체(全體, 온전한 체)이다. 주자가 『중용혹문(中庸或問)』에서 이발(已發)의 중(中)을 논하며 "비록 그 주로 삼는 것이 하나의 일에 치우치지 않을 수 없지만, 하나의 일 안에서도 또한 치우치거나 기운 적이 없다"[147) 말했는데, 뜻이 바로 이와 같다.

> 極只是極至之義。一物雖小, 一事雖偏, 卽其中, 天理完具, 不相假借, 不相陵奪, 而無以復加, 此便是太極之全體也。朱子於《中庸或問》論已發之中曰: "雖其所主, 不能不偏於一事, 然一事之中, 亦未嘗有偏倚也。" 意正如此。

---

147) 비록 ~ 없다: 주자의 『중용혹문(中庸或問)』에 나온다. "及其發而得中也, 雖其所主, 不能不偏於一事, 然其所以無過不及者, 是乃無偏倚者之所爲, 而於一事之中, 亦未嘗有所偏倚也。"

각구태극은 분수이다

40　주자가 황직경에게 답하는 편지에서 선천(先天)의 설을 논하면서, "하나의 괘(卦)와 하나의 효(爻)에도 하나의 태극(太極)을 갖추지 아니함이 없다. 그 저마다 하나의 태극을 갖추고 있는 곳에는 또한 음양과 오행의 허다한 도리가 있으니 곳곳마다 다하여야 한다"[148] 말했다. 이 말을 상세히 완미해 보면 각구태극(各具太極, 저마다 태극을 갖추고 있다)이 분수(分殊)이지 리일(理一)이 아님을 알 수 있다.

> 朱子答黃直卿論先天之說, 以爲"一卦一爻, 莫不具一太極。其各具一太極處, 又便有陰陽五行許多道理, 須要隨處盡得。"詳味此語, 各具太極之爲分殊, 而非理一可知。

41　이를테면 건(乾)의 건(健, 굳셈)이 곧 태극(太極)이고 건 가운데 원형이정(元亨利貞)이 있으며, 곤(坤)의 순(順, 유순함)이 곧 태극이고 순 가운데 원형이정이 있는 것이다. 원형이정이 곧 이른바 음양오행이다. 그러나 건의 원형이정은 변함없이 건일 뿐이며, 곤의 원형이정은

---

148) 하나의 괘(卦)와 ~ 다하여야 한다: 『주희집(朱熹集)』 권46, 「답황직경(答黃直卿)」에 나온다. "如先天之說, 亦是太極散爲六十四卦三百八十四爻, 而一卦一爻, 莫不具一太極。其各具一太極處, 又便有許多道理, 須要隨處盡得, 皆不但爲塊然自守之計而已也。"

변함없이 순일 뿐이다. 그렇다면 건과 곤의 태극이 달라도 문제될 것이
없다. 이로써 미루어 보면 효(爻) 또한 그러하다.

> 如乾之健卽太極, 而健之中有元亨利貞; 坤之順卽太極, 而順之中亦
> 有元亨利貞。元亨利貞, 卽所謂陰陽五行也。然乾之元亨利貞, 依舊
> 只是健; 坤之元亨利貞, 依舊只是順。然則乾坤之太極, 自不害其不
> 同也。以此推之, 爻亦然。

42　　『통서(通書)』에 이르길 "다섯 개의 다름[五行]이 두 개의 실질[陰
陽]이고, 이 두 근본이 하나이다. 이는 만 가지가 하나가 되고 하나의
실질이 만 가지로 나뉜다. 만 가지와 하나가 저마다 바르니 작거나
크거나 정해진 분수가 있다."[149] 주자가 이를 해석하며 말했다. "말단
에서부터 근본을 미뤄보면, 오행의 다름은 이기(二氣)의 실질에 근본하
며 이기(二氣)의 실질은 또 일리(一理)의 지극함에 근본 하니 이는 만물을
합하여 말하는 것이며 하나의 태극이 될 뿐이다. 근본에서부터 말단에
이르러 보면, 일리(一理)의 실질이나 만물이 그것을 나누어 체(體)로 삼는
다. 그러므로 만물 가운데 각각 하나의 태극이 있고 작고 큰 사물이라도
각자 일정한 분수를 가지고 있지 않음이 없다."[150] 얼마나 매우 분명한

---

149) 다섯 개의 ~ 분수가 있다: 장재(張載)의 『통서(通書)』「이성명(理性命)」에
　　나온다.
150) 말단에서부터 ~ 않음이 없다: 주자의 『통서해(通書解)』에 나온다. "此言命
　　也。二氣五行, 天之所以賦受萬物而生之者也。自末以緣本, 則五行之異本二氣
　　之實, 二氣之實又本一理之極, 是合萬物而言之, 爲一太極而已也。自本而至末,

가.【여기서 작거나 크거나(小大)라 말한 것은 단지 만물 중의 혹 작거나 혹 큰 것을 말한 것일 뿐이지 작은 덕 · 큰 덕과는 다르다.】

《通書》曰: "五殊二實, 二本則一。是萬爲一, 一實萬分。萬一各正, 小大有定。" 朱子釋之曰: "自末以緣本, 則五行之異本二氣之實, 二氣之實又本一理之極, 是合萬物而言之, 爲一太極而已也。自本而至末, 則一理之實, 而萬物分之以爲體。故萬物之中, 各有一太極, 而小大之物, 莫不各有一定之分也。" 大小大分明。【此言小大, 只以萬物之或小或大而言耳, 與小德大德不同。】

43 음양, 오행, 만물을 합쳐 총괄해 말한다면 일원(一原, 하나의 근원), 대덕(大德, 큰 덕)이라 하고 음양, 오행 만물을 나누어 각각 말한다면 만수(萬殊, 만 가지로 다름), 소덕(小德, 작은 덕)이라 한다. 기(氣)도 이와 같고 리(理)도 또한 이와 같으니 기가 또한 도(道)이며 도가 또한 기이다. 빈 곳을 가득 채우고 사람과 사물을 관철하며 고금(古今)에 유행하는 것이 모두 하나의 기이며 또한 하나의 리이다. 비록 합쳤다 할지라도 만(萬)이 갖추어져 있고 비록 나누었다 할지라도 일(一)이 포함되어 있다.

合陰陽五行萬物而總言之, 則曰一原, 曰大德; 分陰陽五行萬物而各

則一理之實, 而萬物分之以爲體。故萬物之中, 各有一太極, 而小大之物, 莫不各有一定之分也。"

言之, 則曰萬殊, 曰小德。氣也如此, 理也亦如此, 器亦道, 道亦器也,

盖偏塞空, 貫徹人物, 流行古今, 都是一氣, 亦都是一理。雖曰合焉,

而萬者具焉; 雖曰分焉, 而一者包焉。

정호는 이일과 분수의 성을 모두 말했다

44-1 깨달으면 닿는 곳마다 모두 통하나 깨닫지 못하면 구절마다 막히니 이것은 알지 못하는 자와는 말하기 어려운 일이다. 여여숙(呂與叔)151)의 「동견록(東見錄)」에 기록된 정백자(程伯子, 정호)의 말에 "고자(告子)가 생지위성(生之謂性, 타고난 것을 성이라 한다)이라 한 것이 옳다. 무릇 천지가 낳은 만물은 모름지기 성(性)이라 해야 한다. 모든 것을 성이라 함이 옳지만 그 속에서 도리어 소의 성과 말의 성을 분별해야 한다. 이는 고자가 단지 같은 것을 말한 것이고 가령 석씨(釋氏)가 꿈틀대는 중생들 모두 불성이 있다152) 했는데, 이와 같다면 옳지 못하다"153) 했다. 이는 분수(分殊)를 가지고 말한 것이다. 또 말하길 "만물의 이치가 모두 나에게 갖추어져 있다 함은 사람뿐만 아니라 사물도 모두 그러하다. 다만 사물은 미루어 넓히지 못하고 사람은 미루어 넓힐 수 있다"154) 했다. 이 말은 이일(理一)을 가지고 말한 것이다.

---

151) 여여숙(呂與叔): 여대림(呂大臨, 1046-1092)은 자는 여숙(與叔)이고 여대균(呂大鈞)의 동생이다. 처음에 장재(張載)에게 배웠고 나중에 정이(程頤)에게 배웠는데, 사좌량(謝良佐), 유조(游酢), 양시(楊時)와 함께 '정문사선생'(程門四先生)으로 일컬어진다.

152) 석씨(釋氏)가 ~ 불성이 있다: 황벽선사(黃檗禪師)의 강설을 듣고 배휴(裴休, 791-864)가 편찬한 『황벽단제선사완릉록(黃檗斷際禪師宛陵錄)』에 나온다. "上至諸佛, 下至蠢動含靈, 皆有佛性."

153) 고자(告子)가 ~ 옳지 못하다: 『이정유서(二程遺書)』 권2, 「원풍기미여여숙동견이선생어(元豐己未呂與叔東見二先生語)」에 나온다.

154) 만물의 이치가 ~ 넓힐 수 있다: 『이정유서(二程遺書)』 권2, 「원풍기미여여숙동견이선생어(元豐己未呂與叔東見二先生語)」에 나온다.

悟則觸處皆通, 不悟則句句窒礙, 此難與不知者道。呂與叔《東見
錄》記程伯子語有曰: "告子云生之謂性則可。凡天地所生之物, 須是
謂之性。皆謂之性則可, 於中却須分別牛之性, 馬之性。是他便只道
一般, 如釋氏說'蠢動含靈, 皆有佛性', 如此則不可。" 此以分之殊而
言也。又曰: "萬物皆備於我, 不獨人爾, 物皆然。只是物不能推, 人
則能推之。" 此以理之一而言也。

44-2 무엇을 분수(分殊)라 하는가? "하늘의 도(道)가 변화함에 각각
성명(性命)을 바르게 한다."[155] "개의 성(性)은 소의 성이 아니고, 소의
성은 사람의 성이 아니다."[156] 부자(附子)와 대황(大黃)도 모두 각각
하나의 성이다[157] 함이 이것이다. 무엇을 이일(理一)이라 하는가? "오
행은 하나의 음양이고 음양은 하나의 태극이다."[158] 개, 소와 사람,
부자(附子)와 대황(大黃)이 모두 하나의 성(性)이다 함이 이것이다. 분

---

155) 하늘의 도(道)가 ~ 바르게 한다: 『주역(周易)』건괘(乾卦) 단전(彖傳)에 나
온다. "彖曰: 大哉乾元, 萬物資始, 乃統天。雲行雨施, 品物流形。大明終始, 六
位時成, 時乘六龍, 以御天。乾道變化, 各正性命。保合大和, 乃利貞。首出庶物,
萬國咸寧。"

156) 개의 성(性)은 ~ 성이 아니다: 『맹자(孟子)』「진심 상(盡心 上)」에 나온다.
"告子曰: '生之謂性。'孟子曰: '生之謂性也, 猶白之謂白與? (…) 然則犬之性猶
牛之性, 牛之性猶人之性與?"

157) 부자(附子)와 ~ 성이다: 『주자어류(朱子語類)』권4,「성리1(性理一)」에 나
온다. "問: '曾見《答余方叔書》, 以爲枯槁有理。不知枯槁瓦礫, 如何有理?'曰:
'且如大黃附子, 亦是枯槁。然大黃不可爲附子, 附子不可爲大黃。"

158) 오행은 ~ 태극이다: 『태극도설(太極圖說)』에 나온다. "陽變陰合, 而生水火
木金土。五氣順布, 四時行焉。五行, 一陰陽也; 陰陽, 太極也; 太極, 本無極也。
五行之生也, 各一其性。"

수(分殊)라고 하거나 이일(理一)이라고 함은 관점에 따라 말이 비록 다르지만 그 실상은 일(一) 가운데 만(萬)이 갖추어져 있고 만 가운데 일이 포함되어 있어서 애당초 다르지 않다.

> 何謂分殊? "乾道變化, 各正性命", "犬之性非牛之性, 牛之性非人之性", 附子, 大黃, 亦皆各是一性是也。何謂理一? "五行一陰陽, 陰陽一太極", 犬牛與人, 附子與大黃, 都是一性是也。盖曰分殊, 曰理一, 所從言雖異, 其實一之中萬者具焉, 萬之中一者包焉, 初非有二事也。

44-3 만(萬)이기 때문에 비록 일리(一理, 하나의 이치)일지라도 형형색색의 크고 작은 것에 저마다 각자 하나의 성(性)이 있어서 섞일 수 없는 것이다. 이것이 꿈틀대는 중생들 모두 불성이 있다고 말할 수 없는 까닭이다. 일(一)이기 때문에 그 나누어진 것이 비록 다르지만 하나의 사물에 나아가면 만물의 리(理)가 여기서 벗어나지 않는다. 이것이 이른바 "만물이 모두 이치를 갖추고 있어서 사람뿐만 아니라 사물도 모두 그러하다"는 말이다. 그렇다면 정자(程子)의 두 말은 애초에 서로 위배되지 않는다.

> 惟其萬也, 故雖是一理, 而形形色色, 或大或小, 箇箇各是一性, 不可混也。此所以蠢動含靈, 不可謂皆有佛性也。惟其一也, 故其分雖殊, 而卽其一物, 萬物之理皆不外焉。此所謂"萬物皆備, 不獨人爾, 物皆然"者也。然則程子二說, 初未見其相悖也。

44-4 『곤지기(困知記)』에서 이 두 가지 말을 거론하며 심히 의심하였다. 정암(整庵, 나정암)은 사람과 사물의 성(性)이 같다고 생각하고서, 심지어 "미발(未發)의 중(中)을 사물마다 갖고 있다"159) 말했다. 그러므로 정자의 만물개비(萬物皆備, 만물의 이치가 모두 갖추어 있다)의 설을 보고서, 곧 허령하고 통철하며 만리(萬理)가 모두 갖춰졌다 여긴 것으로 생각하고는 앞의 설을 끌어다 여기에 합하고자 했으나 끝내 합할 수 없는 것이 있어서 의심하지 않을 수 없었던 것이다.160) 정자의 본의는 이일처(理一處, 리가 하나인 곳)에서 융통성 있게 말한 것이고 애초에 각정성명처(各正性命處, 저마다 성명을 바르게 한 곳)에 나아가 만사와 만물의 리(理)가 사물들의 성분(性分) 안에 담겨 있다고 말한 것이 아님을 도무지 모른 것이다.161) 어쩜 오(悟, 깨달음) 한 글자를 정암이 또한 도달하지 못한 바가 있는가?

《困知記》擧此二語, 而深致疑焉, 蓋整庵亦認人物之性爲同, 至謂

---

159) 미발(未發)의 중(中)을 ~ 갖고 있다: 『곤지기(困知記)』 권상에 나온다. "未發之中, 非惟人人有之, 乃至物物有之. 蓋中爲天下之大本, 人與物不容有二."

160) 정암(整庵)은 ~ 없었던 것이다: 『곤지기(困知記)』 권하에 나온다. "程伯子嘗言, 萬物皆備於我, 不獨人爾, 物皆然. 佛家亦言 '蠢動含靈, 皆有佛性', 其大旨殆無異也, 而伯子不可其說. 愚嘗求其所以不可之故, 竟莫能得也. 夫佛氏之所謂性者覺, 吾儒之所謂性者理, 得失之際, 無待言矣. 然人物之生, 莫不有此理, 亦莫不有此覺. 以理言之, 伯子所謂 '不獨人爾, 物皆然' 是也. 以覺言之, '蠢動含靈', 與佛容有異乎? 凡伯子之言, 前後不同者, 似此絶少. 愚是用反覆推究, 以求歸於至一云."

161) 정자의 본의는 ~ 모른 것이다: 『곤지기(困知記)』 권상에서 정자의 본의를 유추할 수 있다. "命之理, 一而已矣, 擧陰陽二字, 便是分殊, 推之至爲萬象. 性之理, 一而已矣, 擧仁義二字, 便是分殊, 推之至爲萬事. 萬象雖衆, 即一象而命之全體存焉. 萬事雖多, 即一事而性之全體存焉."

"未發之中, 物物有之。" 故見程子萬物皆備之說, 便認作靈洞徹, 萬理咸備看了, 反欲援前說合之於此, 而終有不可得以合者, 則不免於疑之耳。殊不知程子本意, 只從理一處活絡說去, 而初非就各正性命處, 言萬事萬物之理, 該貯於物物性分之內也。豈悟之一字, 整庵亦有所未逮者歟?

45 만물의 이치가 모두 갖추어져 있으나 미룰 수 있기도 하고 없기도 하다는 설을 정자가 또 일찍이 재차 거론한 적이 있다. 한 번은 만물이 일체(一體)라는 것으로 서두를 일으키고,162) 한 번은 인(仁)이란 혼연히 만물과 한 몸을 이룬다는 것으로 서두를 일으키고,163) 정완(訂頑, 곧 西銘)으로 이었으니164) 그 뜻을 알 수 있다. 만물이 일체이기 때문에 한 사물 가운데에 만물의 이치가 있는 것이니 바로 그 리(理)가 하나인 것으로 말하였을 뿐이요 만약 품수 받은 것을 논한다면 이처럼 말해서는 안 된다.

---

162) 만물이 ~ 일으키시고: 『이정유서(二程遺書)』 권2, 「원풍기미여여숙동견이선생어(元豐己未呂與叔東見二先生語)」에 나온다. "所以謂萬物一體者, 皆有此理, 只爲從那裏來。生生之謂易, 生則一時生, 皆完此理。人則能推, 物則氣昏, 推不得, 不可道他物, 不與有也。"

163) 인(仁)이란 ~ 일으키시고: 『이정유서(二程遺書)』 권2, 「원풍기미여여숙동견이선생어(元豐己未呂與叔東見二先生語)」에 나온다. "學者須先識仁, 仁者渾然與物同體, 義禮智信皆仁也。"

164) 정완(訂頑)으로 이었으니: 『이정유서(二程遺書)』 권2, 「원풍기미여여숙동견이선생어(元豐己未呂與叔東見二先生語)」에 나온다. "《訂頑》意思, 乃備言此體。以此意存之, 更有何事? '必有事焉而勿正, 心勿忘, 勿助長', 未嘗致纖毫之力 此其存之之道。"

萬物皆備, 推不推之說, 程子又嘗再擧之。一則以萬物一體起頭, 一則
以仁者渾然與物同體起頭, 而承之以《訂頑》, 其意可見。盖惟萬物一
體, 故一物之中, 萬物之理存焉, 正以其理之一而言之耳。若論所禀, 則
不當如此說。

46　『맹자혹문(大學或問)』에서는 정자(程子)의 설을 따랐다가[165]
『맹자집주(孟子集註)』에서 개수했으니[166] 그 설이 더욱 정확하고 빈틈
이 없으니 여기서는 만물이 모두 그러하다고 말할 수 없다.

《孟子或問》從程子說, 《集註》則改之, 其說尤精確, 盛水不漏, 於此
則不可言物皆然。

---

165) 『맹자혹문』에서는 ~ 따랐다가: 주자는 『맹자혹문(孟子或問)』에서 고자(告
子)의 생지위성(生之謂性)을 논하는 대목에서 정자의 설에 대해 다음과 같이
평한다. "曰: 是亦精矣。獨生字之義, 若有未瑩。是以吾說不免有小異者。知其
所論氣質之性理有善惡, 及人物之性所以不同, 如隙中日光, 及以孟子之言爲極
本窮源之類, 則固未嘗敢有所疑也。若其曰'論性不論氣不備, 論氣不論性不明'
者, 則又極至之言。蓋孟子之言性善者, 前聖所未發也, 而此言者, 又孟子所未
發也。"

166) 『맹자집주』에서 개수하셨으니: 『맹자집주(孟子集註)』「고자 상(告子上)」의
'생지위성(生之謂性)' 주자 주는 다음과 같다. "愚按: 性者, 人之所得於天之理
也; 生者, 人之所得於天之氣也。性, 形而上者也; 氣, 形而下者也。人物之生, 莫
不有是性, 亦莫不有是氣。然以氣言之, 則知覺運動, 人與物若不異也; 以理言
之, 則仁義禮智之禀, 豈物之所得而全哉? 此人之性所以無不善, 而爲萬物之靈
也。告子不知性之爲理, 而以所謂氣者當之, 是以杞柳湍水之喩, 食色無善無不
善之說, 縱橫繆戾, 紛紜舛錯, 而此章之誤乃其根本。所以然者, 蓋徒知知覺運
動之蠢然者, 人與物同; 而不知仁義禮智之粹然者, 人與物異也。孟子以是折之,
其義精矣。"

나흠순은 중생과 부처가 성과 지각이 같다고 여겼다

47   정암(整庵, 나흠순)이 또 말하길 "사람과 만물이 생성됨에 이 성(性)이 있지 않음이 없고, 또한 이 지각(知覺)이 있지 않음이 없다. 리(理)로써 말하면 백자(伯子, 정호)의 이른바 '사람뿐만 아니라 사물도 모두 그러하다'는 것이 이것이다. 지각(知覺)으로써 말하면 꿈틀대는 중생과 부처가 혹시 다름이 있겠는가?"[167] 했다. 이것은 그 뜻이 리와 지각을 막론하고 꿈틀대는 중생과 부처가 모두 다름이 없다고 말할 뿐이다. 이와 같으면 명덕(明德) 또한 마땅히 사람과 동물이 같이 얻은 것이 되니, 『대학혹문(大學或問)』에서 "사람이 금수와 다른 것은 바로 여기에 있다"고 말한 한 단락은 정론(定論)이 될 수 없는가?

整庵又謂: "人物之生, 莫不有此性, 亦莫不有此覺。以理言之, 伯子所謂'不獨人爾, 物皆然'是也。以覺言之, 蠢動含靈與佛, 容有異乎?" 此其意蓋謂無論理與覺, 蠢動含靈與佛, 皆無異云爾。如此則明德亦當爲人物所同得,《大學或問》"人之所以異於禽獸, 正在於此"云云一段, 亦不得爲定論耶?

---

167) 사람과 만물이 ~ 다름이 있겠는가?:『곤지기(困知記)』권하에 나온다. "程伯子嘗言'萬物皆備於我, 不獨人爾, 物皆然。'佛家亦言'蠢動含靈, 皆有佛性', 其大旨殆無異也, 而伯子不可其說。愚嘗求其所以不可之故, 竟莫能得也。夫佛氏之所謂性者覺, 吾儒之所謂性者理, 得失之際, 無待言矣。然人物之生, 莫不有此理, 亦莫不有此覺。以理言之, 伯子所謂'不獨人爾, 物皆然'是也。以覺言之,'蠢動含靈', 與佛容有異乎?"

48   「농암잡지(農巖雜識)」에서 『곤지기(困知記)』의 이 단락을 논하면서 이르길 "'꿈틀대는 중생이 모두 불성이 있다'는 이 말의 오류는 바로 지각(知覺)으로써 본성을 말한 데에 있다"[168) 했는데, 내 생각으로는 아마 그렇지 않은 것 같다. 명도(明道, 정호)가 이 말을 배척한 것은 우선 동이(同異)에 나아가 말했을 뿐이니, 그 리(理)로써 지각(知覺)으로써 말한 것 같은 것은 애초에 분변할 겨를이 없었다. 또 정암(整庵, 나흠순)의 의심은 바로 명도가 말한 두 설의 전후가 같지 않은 데에 있다. 그런데 지금 단지 불어(佛語)의 오류만을 분변할 뿐이고, 만물개비(萬物皆備: 만물의 이치가 모두 갖추어 있다) 한 단락이야말로 그 근본[命蒂]이 있는 곳인데 도리어 완전히 설파하지 못하였으니 안타깝다.

> 《農巖雜識》論《困知記》此段以爲: "'蠢動含靈, 皆有佛性', 此語之誤, 正在於以知覺言性。" 愚意則恐未然。蓋明道之斥此語, 姑只就同異言之耳, 若其以理以覺, 初未暇辨也。且整庵之疑, 正在於明道兩說之前後不同, 而今只辨佛語之誤, 至於萬物皆備一段, 乃其命蒂所在, 而却全不說破, 可恨!

49   이미 "모두 불성(佛性)이 있다" 말했으니 이는 품수(稟受)로 말한

---

168) 꿈틀대는 ~ 말한 데에 있다: 『농암집(農巖集)』 권32, 「잡지(雜識)」에 나온다. "蠢動含靈皆有佛性, 此語之誤, 正在於以知覺言性。蓋以理言之, 萬物雖同出一原, 而其所賦之偏全, 則人與物, 何可同也? 若無論偏全, 而謂其所得以爲性者, 同此一理也, 則不獨含靈之物, 而雖植物之無情, 亦固然矣。今其說止於禽獸, 而不能通乎草木者, 正亦以知覺爲性故耳。"

것이어서 정자(程子)의 만물일체(萬物一體)로 말한 것과는 같지 않다.

　　旣曰皆有佛性, 則是以稟受言也, 與程子之以萬物一體言者不同。

50　　「농암잡지(農巖雜識)」에서 이것을 논한 것이 두 단락이 있는데, 앞에서는 인간과 동물의 본성을 같은 것으로 여기는 것 같고, 뒤에서는 인간과 동물의 본성을 다르다고 여기는 것 같다.169) 『대학연의(大學衍義)』의 '사람은 금수와 다르다'는 장에 대한 논의는 매우 명백하고 통철한데,170) 이것이 앞 설의 뒤와 뒤 설의 앞에 있으니 만년에 초년의 설을 고친 것이 틀림없다.【우옹(尤翁, 송시열: 1607-1689)171)에게 올린 편지를172) 삼연(三淵, 김창흡)은 미정(未定)의 설이라고 고집하여 잘라

---

169) 「농암잡지(農巖雜識)」에서 ~ 여기는 것 같다:『농암집(農巖集)』권32,「잡지(雜識)」에 나온다. "愚謂以理言性, 則不獨蠢動含靈有佛性, 草木土石皆當有佛性。而今只言蠢動含靈, 則是謂草木土石不得同有此性耳。然則其所謂性者, 非指理而言, 可知矣。不以理言性, 與言性而遺草木土石, 皆非知性之言, 故程子以爲不可。(…) 若是仁義禮智之心, 則禽獸之生, 合下固不得全具此心, 不當說與人均有。"

170) 『대학연의(大學衍義)』의 ~ 통철한데:『농암집(農巖集)』권32,「잡지(雜識)」에 나온다. "眞西山《大學衍義》, 釋《孟子》人之所以異於禽獸者幾希云, (…) 此與《集註》說不同。豈其於朱子之意, 有所未察, 抑旣知之而故自爲一說也。此未可知。(…) 且其所謂 '均有一心'者, 未知指何心而言。若是仁義禮智之心, 則禽獸之生, 合下固不得全具此心, 不當說與人均有。若指知覺好惡之情, 則雖禽獸亦不曾去了此心, 不當說物不能存。此又於理有礙, 不可從也。"

171) 우옹(尤翁): 송시열(宋時烈, 1607-1689), 자는 영보(英甫)이고 호는 우암(尤庵)이며 시호는 문정(文正)이다.

172) 우옹(尤翁)에게 올린 편지: 농암집(農巖集)』권12,「상우재중용의의문목(上尤齋中庸疑義問目)」를 말한다.

버렸으니173) 어쩜 「잡지(雜識)」를 세밀히 고찰하지 못했는가?】

> 《農巖雜識》中論此有二段, 前則似以人物之性爲同, 後則似以人物
> 之性爲不同。其論《大學衍義》人之異於禽獸一章, 極明白通透, 而
> 在前說之後, 後說之前, 蓋其晚年改初年說, 無疑。【上尤翁一書, 三
> 淵硬作未定之說, 而判捨之, 豈未及細考《雜識》歟?】

51　정암(整庵, 나흠순)이 성(性)과 지각(知覺)을 부처와 중생이 같은
것처럼 여겼으니, 자못 사리에 어긋나며 치우치고 막혔다 할 만하다.
그러나 지금 사람이 마음을 작게 여기고 성을 크게 보는 것과 비교하면
도리어 명쾌하고 직절한 것이다.

> 整庵認性與知覺, 爲佛與含靈皆同。可謂太郞當太偏窒。然比之今
> 人小心大性者, 則却明快直截。

---

173) 우옹(尤翁)에게 올린 편지를 ~ 잘라버렸으니:『삼연집(三淵集)』권19,「답
　　이참봉(答李參奉)」에 나온다.

성은 심과 하나이고 도이다

52   심(心)과 성(性)은 하나이다. 마음을 없애면 다시 성이 없고
성을 없애면 다시 마음이 없다. 그러므로 정자(程子)는 일찍이 횡거(橫
渠, 장재)의 심소성대(心小性大: 마음은 작고 성은 크다)의 이론을 배척하였
다.【횡거의 말은 구설(舊說)인 것 같다.】그런데 지금 사람이 도리어
사람이 금수와 다른 것은 마음이고 같은 것은 성이라고 여긴다면, 마음
은 본래 치우치고 성은 본래 온전한 것이다. 성과 도(道)는 단지 체용(體
用)의 구분이 있을 뿐이고 실제는 성이 곧 도이고 도가 곧 성이다. 그러
므로 정자는 일찍이 한지국(韓持國, 한유)[174]이 도 밖에서 성을 찾고
성 밖에서 도를 찾는 것이 잘못이라고 비난했었다. 그런데 지금 사람이
도리어 금수와 사람이 성에서는 같고 도에서 다르다고 여긴다면, 성은
지리(支離)하게 되고 도는 박잡(駁雜)하게 되는 것이다. 이 두 가지가
직절(直截)한 단안(斷案)이 되니, 여기에서 융회(融會)함이 있으면 다른
것은 마치 칼날을 들이대는 대로 절로 쪼개지듯 할 것이다. 만약 그렇지
않다면 소견을 아직 갖추지 못해서가 아니라 바로 마음이 공정하지
않은 것이니, 다시 말할 것이 없다.

> 心與性一也. 除了心更無性. 除了性更無心. 故程子嘗斥橫渠心小
> 性大之論.【橫渠說似是舊說。】而今人却以爲人與禽獸異者心. 而同

---

174) 한지국(韓持國): 한유(韓維, 1017-1098)는 자는 지국(持國)이고 호는 남양
(南陽)이다.

者性, 則是心自偏而性自全也。性與道只有體用之分耳, 其實性卽是
道, 道卽是性。故程子亦嘗譏韓持國道外尋性, 性外尋道之非, 而今人
又却以爲禽獸與人同於性, 而異於道, 則是性爲離而道爲雜也。此二
者乃是直截斷案, 於此有以融會, 則其他自可迎刃而解。若猶未也, 卽
非見未到, 直是心不公, 更無可說。

53 정암(整庵, 나흠순)이 일찍이 말하기를 "성(性)은 천명(天命)으로
서 같고 도(道)는 형기(形氣)로서 다르다"[175] 하였다. 또 말하기를 "사
람과 만물이 생성됨에 기(氣)를 품수한 처음에는 그 리(理)가 오직 하나
이고【천명의 성】형체를 이룬 후에는 나누어져서 달라진다"[176]【솔성
(率性)의 도】하였다. 과연 이와 같으면 기를 품수한 처음에는 단지 성
만 있고 도는 없으며 형체를 이룬 후에는 단지 도만 있고 성은 없는 것
으로, 성과 도가 천(天)과 인(人)에 분속되고 체(體)와 용(用)이 옛날과
지금으로 절단되니, 이와 같은 의론은 정말 말이 안 된다. 항상 괴이하
게 생각하는 게 있다. 이 어른이 이기(理氣)의 원두(源頭)에 대해서 스
스로 이르길, 깊이 나아가 묘한 조예를 얻어서 정주(程朱)가 보지 못한
이치를 홀로 보았다 했는데, 의론이 뛰어남은 진실로 남을 압도하는 것
이 있다. 그러나 끝에 가서는 소견이 이처럼 거칠어 이기의 정도(正道)
를 전혀 알지 못하는 듯하여 마치 전일에 의론한 것과는 아주 다른 사람
인 듯하니, 이 이유가 과연 무엇 때문인가? 반복해서 생각해도 끝내 알

---

175) 성(性)은 ~ 다르다:『곤지기(困知記)』「속록(續錄)」권상에 나온다.
176) 사람과 만물이 ~ 달라진다:『곤지기(困知記)』권상에 나온다.

지 못하겠다.

> 整庵嘗云: "性以命同, 道以形異." 又云: "人物之生, 受氣之
> 初, 其理惟一.【天命之性.】成形之後, 其分則殊.【率性之
> 道.】" 果若是, 則受氣之初, 只有性而無道, 成形之後, 只有道
> 而無性, 性道分屬天人, 體用截作古今, 似此議論, 直是不成說
> 話. 常怪此老於理氣源頭, 自謂深造妙詣, 獨見程, 朱所未見
> 之理, 而議論英發, 誠亦有大過人者. 乃其下梢, 所見鹵莽若
> 此, 有若全不識理氣蹊逕者, 與前日議論判若二人, 此其故果
> 何哉? 反復思之, 終未可曉.

54　정암(整庵, 나흠순)이 스스로 말하길 "나이가 거의 사십이 되어서
야 비로소 개연(慨然)히 도에 뜻을 두었다"[177] 말했다. 향년(享年) 팔십
에 비록 공부가 독실하지 않음이 없었지만 만학인지라 끝내 가슴에
흠뻑 젖어들기 어려워서, 높은 것은 참으로 높고 낮은 것은 여전히
낮아서 왕왕 통하지 않고 어긋나서 결점이 많이 보이는데, 그러고도
정주(程朱)보다 낫기를 구하고자 했으니 곤란한 일이다.

> 整庵自謂: "年幾四十, 始慨然有志於道." 雖其享年八十, 用工非不
> 專篤, 而晚學終難浹洽, 高者儘高, 低者還低, 往往偏枯齟齬, 瘢疣多

---

177) 나이가 ~ 뜻을 두었다:『곤지기(困知記)』서문에 나온다.

見, 乃欲以此求多於程朱, 難矣哉!

55-1 김삼연(金三淵, 김창흡)이 사람과 금수, 성(性)과 도(道)에 관한 질문에 답하여 말하기를 "체(體)는 온전하지만 용(用)이 작용하지 못했을 뿐이다"[178] 했다. 말이 명쾌하여 언뜻 보면 좋은 것 같지만 사리(事理)로 자세히 미루어 보면 그 소략함이 많이 보인다. 이를테면 호랑이와 이리의 부자간이나 벌과 개미의 군신간 등속은 오히려 이와 같이 말할 수 있지만, 가령 우경마재(牛耕馬載: 소는 밭 갈고 말은 싣는다), 계명견폐(雞鳴犬吠: 닭은 울고 개는 짖는다), 연어비약(鳶魚飛躍: 솔개는 날고 물고기는 뛰어오른다), 초목영췌(草木榮悴: 초목은 피고 시든다) 부류가 원래 사람과 다른 것을 또한 무슨 말로써 통하게 하겠는가?

> 金三淵答人禽獸性道之問曰: "體全而用不達已矣." 說得甚快, 乍看似可喜, 而細以事理推之, 多見其踈矣。蓋如虎狼父子, 蜂蟻君臣之屬, 猶可如此說, 如牛耕馬載, 雞鳴犬吠, 鳶魚飛躍, 草木榮悴之類, 合下與人異者, 其又何說以通乎?

---

178) 체(體)는 온전하지만 ~ 못했을 뿐이다: 『삼연집(三淵集)』권21, 「답이현익(答李顯益)」에 나온다. "體全而用不達已矣。天下之物, 體存而用不現者, 何限? 耳目具矣而視聽或不徹, 手足完矣而運動或不仁者有之。以此比量, 可知物性之固有一似都無者耳。"

55-2 도(道)는 본성을 따르는 것일 뿐이다. 이미 밭 갈고 싣고, 울고 짖고, 날고 뛰어오르고, 피고 시드는 도가 있으면 반드시 그 본성이 이와 같은 것이다. 이미 그 (사물의) 본성이 사람과 같다고 말하면 이러한 것들이 사람과 다른 곳은 장차 기질(氣質)에 돌리지 않을 수 없을 터인데, 기질의 성을 따를[率] 수 있단 말인가? 그리고 선유(先儒)들이 금수와 초목의 도를 논하면서 매번 기질의 성(性)을 따르는 것으로써 말했는가? 만약 성을 말하자면 사람과 같지만 성에서 도가 되는 과정은 형기(形氣)에서 드러나기 때문에 이와 같이 말하지 않을 수 없다고 한다면, 이것은 성은 기(氣)에서 벗어나고 도는 형(形)에 국한되어 성이 성이 아니고 도가 도가 아니니 하나도 옳은 것이 없다. 삼연(三淵, 김창흡)이 여기에서 전혀 깊이 궁구하지 않고, 호랑이와 이리가 부자간의 의리 같은 것을 본체에서 갖추었으나 작용에서 막힌 듯함을 대략 보고서, 마침내 이와 같이 입설(立說)하였다. 자사(子思)의 뜻에 배치될 뿐만이 아니니 참으로 한탄스럽다.

> 夫道者, 率性而已。旣有耕載, 鳴吠, 飛躍, 榮悴之道, 則是必其性如此者也。旣曰其性與人同, 則此等與人異處, 將不得不歸之氣質, 氣質之性, 亦可率乎? 而先儒論禽獸, 草木之道, 每每以率氣質之性者言之乎? 若曰性, 則與人同, 而自性而道也, 著於形氣, 故不得不如此云爾, 則是性外於氣, 道局於形, 性非性而道非道矣, 無一可者也。三淵於此, 都不深究, 略綽見虎狼父子之類, 似乎具於體而關於用者, 遂如是立說, 與子思之旨不翅背馳, 良可歎也。

56　명도 선생(明道先生, 정호)이 일찍이 말하길 "소를 부리고 말을 타는 것은 모두 그 본성에 따라서 하는 것이다. 어째서 소를 타거나 말을 부리지 않는가? 이치상 불가한 것이다"[179] 했다. 형색(形色)이 천성(天性)이니,[180] 소를 부릴 만하고 말을 탈 만한 것이 형색으로, 형색이 곧 본성이고 본성이 곧 도(道)이어서 다시 층절(層截)이 없고 다시 얘기할 것이 없으며 그 짐을 부리고 사람을 태우는 것이 교(敎)다. 이것이 이른바 "천명(天命)에서부터 교(敎)에 이르기까지 내가 더하거나 덜 것이 없다"[181]는 것이다. 만약 소와 말의 형색인데도 사람의 본성을 갖추었다고 말하면 본성은 형색이 아니다. 사람의 본성인데도 소와 말의 도가 있고 소와 말의 교를 베풀면 도는 솔성(率性: 본성을 따름)이 아니고 교는 진성(盡性: 본성을 다함)이 아니다.

> 明道先生嘗曰: "服牛, 乘馬皆因其性而爲之. 胡不乘牛而服馬乎? 理之所不可." 蓋形色天性也, 牛可服, 馬可乘者, 形也, 卽形卽性, 卽性卽道, 更無層截, 更無說話, 其服之, 乘之, 則敎也. 此所謂 "自天命以至於敎, 我無加損焉"者也. 若曰牛馬之形, 而具人之性, 則性非形色也. 人之性, 而有牛馬之道, 施牛馬之敎, 則道非率性也, 敎非盡性也.

---

179) 소를 부리고 ~ 불가한 것이다: 『이정유서(二程遺書)』, 권11, 「사훈(師訓)」에 나온다.

180) 형색(形色)이 천성(天性)이니: 『맹자(孟子)』「진심 상(盡心 上)」에 나온다. "孟子曰: 形色, 天性也, 惟聖人然後可以踐形."

181) 천명(天命)에서부터 ~ 덜 것이 없다: 『이정유서(二程遺書)』 권1, 「단백전사설(端伯傳師說)」에 나온다. "此理, 天命也. 順而循之, 道也. 循此而修之, 各得其分, 則敎也. 自天命以至於敎, 我無加損焉, 此舜有天下而不與焉者也."

심과 성은 둘로 나눌 수 없다

57-1 횡거 선생(橫渠先生, 장재)은 "마음이 성과 정을 통괄한다"[182] 하고, 소자(邵子, 소옹: 1011-1077)[183]는 "심(心)은 성(性)의 외곽이다"[184]라고 했다. 주자가 말하길 "사람들이 흔히들 성을 말하고 바야흐로 심을 말하는데, 마땅히 심을 먼저 말해야 할 것 같다. 옛사람이 글자를 만들 적에 심 자를 먼저 만들었고 성과 정(情)은 모두 심 자를 따른다"[185] 했다. 맹자는 "측은지심(惻隱之心)은 인(仁)의 실마리이다"[186] 했는데, 이것은 정에서 심을 본 것이다. 또 "인의예지(仁義禮智)는 심에 뿌리를 두고 있다"[187] 했는데, 이것은 성에서 심을 본 것이다. 심이 그 성과 정을 포괄하는데, 성은 본체이고 정은 작용이며, 심 자는 단지 자모(字母)일 뿐이다. 여기에 근거하면 심과 성을 나누어 둘로 할 수 없음

---

182) 마음이 ~ 통괄한다: 『장재집(張載集)』「성리습유(性理拾遺)」에 나온다.

183) 소자(邵子): 소옹(邵雍, 1011~1077)은 자는 요부(堯夫)이고 호는 안락와(安樂窩) 또는 백원(百源)이다. 시호는 강절(康節)이다.

184) 심(心)은 ~ 외곽이다: 소옹(邵雍)의 시집인 『격양집(擊壤集)』 자서(自序)에 나온다. "性者道之形體也, 性傷則道亦從之矣; 心者性之郛郭也, 心傷則性亦從之矣; 身者心之區宇也, 身傷則心亦從之矣; 物者身之舟車也, 物傷則身亦從之矣。"

185) 사람들이 ~ 심 자를 따른다: 『주자어류(朱子語類)』 권5, 「성리2(性理二)」에 나온다.

186) 측은지심(惻隱之心)은 ~ 실마리이다: 『맹자(孟子)』, 권2, 「공손추 상(公孫丑 上)」에 나온다.

187) 인의예지(仁義禮智)는 ~ 두고 있다: 『맹자(孟子)』, 권7, 「진심 상(盡心 上)」에 나온다.

이 또한 명백하다.

> 橫渠先生曰: "心統性情", 邵子曰: "心者性之郭郭", 朱子曰: "人多說
> 性方說心, 看來當先說心. 古人制字, 亦先制得心字, 性與情皆從
> 心." 孟子言: "惻隱之心, 仁之端也", 此是情上見得心. 又曰: "仁義
> 禮智根於心", 此是性上見得心. 蓋心便包得那性情, 性是體, 情是
> 用, 心字只一箇字母. 據此, 則心性之不可分而二之也, 亦明矣.

57-2 지금 말하길 "사람이 금수와 다른 것은 심(心)이고 성(性)이
아니다" 하는데, 이것은 장차 심이 없는 성이 있다고 말하려는 것인가?
주자의 일설(一說)에 "사람과 만물이 같은 것은 리이고, 같지 않은 것은
심이다"[188]라고 한 말이 있는데, 지금 사람들이 구실을 삼는 것이 아마
여기에 있다. 그러나 주자의 이른바 "같은 것은 리이다"라는 말은 단지
이 리를 같이 얻은 것을 말할 뿐이요, 아래 구절인 "같지 않은 것은
심이다" 함에 이른 후에야 이에 품부 받은 성을 말한다는 것을 전혀
알지 못한다. 심과 성은 하나이다. 심을 말하면 성이 그 가운데에 있기
때문이니, 그 아래의 글에서 부자상애(父子相愛: 아비와 자식이 서로 아껴주
다)와 자웅유별(雌雄有別: 암컷과 수컷이 분별이 있다)로 이어서 쓴 데서

---

188) 사람과 만물이 ~ 심이다: 『맹자집주대전(孟子集註大傳)』「이루 하(離婁下)」
제19장 세주에 나온다. "人物之所同者理也, 所不同者心也. 人心虛靈無所不
明, 禽獸便昏了, 只有一兩路子明, 如父子相愛, 雌雄有別之類. 人之虛靈, 皆推
得去, 禽獸便更推不去. 人若以私欲蔽了這箇虛靈, 便是禽獸. 人與禽獸, 只爭
這些子, 所以謂幾希."

알 수 있다.189) 만약 지금 사람들이 말한 것과 같다면 마땅히 금수가 인의(仁義)의 본성을 갖추었지만 인의의 마음이 없다고 하든지 혹은 성(性)의 온전한 본체는 품수 받았지만 심의 온전한 본체는 품수 받지 못했다고 해야 할 것이니, 이것은 마음이 성과 정을 통괄하지 못하는 것이고 성이 외곽이 없는 것이다. 과연 무슨 말이 되겠는가? 여기에서 평정한 마음으로 정밀히 생각한다면 어찌 돌이켜 깨닫지 못할 리가 있겠는가?

> 今謂 "人之異於禽獸者, 心也非性也", 是將謂有無心之性乎? 朱子一說有曰: "人物之所同者理也, 所不同者心也。" 今人藉口, 蓋在於此, 而殊不知朱子所謂所同者理, 只言其同得乎此理耳, 至下句不同者心, 然後乃說稟賦之性。蓋心性一也, 言心, 則性在其中故爾, 觀其下文以父子雌雄承之, 可見。若如今人之說, 則當曰 "禽獸具仁義之性, 而無仁義之心", 或曰 "稟得性之全體, 而不稟得心之全體。" 是心不統乎性情, 而性無郭郭也, 果成何等說話乎? 於此平心精思, 則豈有不翻然覺悟之理乎?

---

189) 주자의 이른바 ~ 알 수 있다:『주자어류(朱子語類)』권57,「맹자7(孟子七)」에 나온다: "敬之問 '人之所以異於禽獸者幾希。' 曰: '人與萬物都一般者, 理也; 所以不同者, 心也。人心虛靈, 包得許多道理過, 無有不通。雖間有氣稟昏底, 亦可克治使之明。萬物之心, 便包許多道理不過, 雖其間有稟得氣稍正者, 亦止有一兩路明。如禽獸中有父子相愛, 雌雄有別之類, 只有一兩路明, 其他道理便都不通, 便推不去。人之心便虛明, 便推得去。就大本論之, 其理則一; 纔稟於氣, 便有不同。'"

형기가 있어야 심과 성을 말할 수 있다

58　리(理)는 하나이고 신(神)도 하나이다. 그러므로 일물(一物)의 리는 천지(天地)의 리이고, 일물의 신은 천지의 신이니, 본래 이물(二物)이 있는 것이 아니다. 그러나 물물(物物)의 형기(形氣)가 이미 달라지면 여기에 있는 리와 신은 저절로 그 형기를 따르지 않을 수 없어서 대소(大小)가 다르고, 편전(偏全)이 다르고, 통색(通塞)이 다르다. 이것이 이른바 리는 하나이고 나뉘어져 달라진다는 것이다. 이 때문에 이 일물에 나아가서 일물의 심성을 논하려면 반드시 이 물(物)의 형기에 붙인 후에야 이 물의 심과 성을 말할 수 있다. 만약 형기를 벗어나서 그 초묘(超妙)하고 혼전(渾全)한 것을 말한다면, 곧 공공(公共)과 일원(一原)에 속하는 것이다. 비록 이물(二物)이 있는 것이 아니라고 말하지만, 이미 이 형기가 없으면 곧 이 사물에 간여하지 못하여, 명(命)이라고 할 수 있지만 덕(德)이라고 할 수 없고,【곧 명덕(明德)을 가리킨다.】계지자선(繼之者善: 이어가는 것은 선이다)이라고 할 수 있지만 성지자성(成之者性: 갖추어 놓은 것은 성이다)이라고 할 수 없다. 정자(程子)의 극중일광(隙中日光: 틈새를 뚫고 나오는 햇빛)의 비유190)가 가장 친절하니, 깊이 생각하면 저절로 알게 될 것이다.

---

190) 정자의 ~ 비유:『이정유서(二程遺書)』권24,「추덕구본(鄒德久本)」에 나온다. "犬, 牛, 人知所去就, 其性本同, 但限以形, 故不可更。如隙中日光, 方圓不移, 其光一也。惟所稟各異, 故生之謂性, 告子以爲一, 孟子以爲非也。"

理一也, 神亦一也, 故一物之理卽天地之理, 一物之神卽天地之神,
固非有二物也。然而物物之形氣旣殊, 則理與神之在是者, 自不得
不隨其形氣, 而大小異焉, 偏全異焉, 通塞異焉, 此所謂理一而分殊
者也。是故卽此一物, 而論一物之心性, 則須襯貼此物之形氣, 然後
方可謂此物之心, 此物之性也。若掉脫形氣, 而言其超妙渾全者, 則
便屬公共, 便屬一原, 雖曰非有二物, 而旣無此形氣, 則便不干此物
事, 可謂之命, 而不可謂之德也。【卽指明德。】可謂之繼之者善, 而
不可謂之成之者性也。程子隙中日光之喩, 最襯切, 深思之自可見。

59　명도 선생(明道先生, 정호)이 말하길 "천지 사이에 사람만 지극히
신령한 것이 아니다. 나의 마음이 바로 초목과 조수(鳥獸)의 마음인데,
다만 사람은 천지의 중(中)을 받아 태어난 것일 뿐이다"[191] 했다. 나의
마음이 바로 초목과 조수의 마음이라는 말은 리(理)가 하나라는 것이고,
사람은 중을 받고 사물은 치우침을 얻었다는 말은 나뉘어져 달라졌다는
것이다. 영(靈)이니, 심(心)이니, 중(中)이니 하는 것을 혼륜(渾淪)하게
말하여 분별하지 않으면 심이 곧 성이고 성이 곧 심이어서 이물(二物)이
없다. 몇 마디 말에 지나지 않지만 심, 성(性), 인(人), 물(物), 이일(理
一), 분수(分殊) 등을 구비하지 않음이 없으니 말뜻이 혼원(渾圓)하여
전혀 하자가 없다. 도(道)를 깊이 체득한 후에는 비록 예사롭게 얘기하
더라도 자연히 이와 같으니, 견문이나 언어와는 전혀 상관이 없다.

---

191) 천지 사이에 ~ 것일 뿐이다:『이정유서(二程遺書)』권1,「단백전사설(端伯
　　傳師說)」에 나온다.

明道先生曰: "天地之間, 非獨人爲至靈, 自家心便是草木, 鳥獸之
心。但人受天地之中以生爾。" 自家心便是草木, 鳥獸之心, 則理之
一也。人受其中, 而物得其偏, 則分之殊也。曰靈曰心曰中, 渾淪言
之, 不復分別, 則心卽性, 性卽心, 無二物也。不過是數句語, 而心也,
性也, 人也, 物也, 理一也, 分殊也, 靡不備具, 而語意渾圓, 絶無罅
縫。造道深後, 雖尋常說話, 自然如此, 見聞言語儘不干事也。

60　　만약 리(理)가 하나라고 하여 사물도 오상(五常)의 전덕(全德)을
갖춘다고 말한다면, 신(神)이 하나라고 하여 또한 사물도 명덕(明德)의
전체(全體)를 갖추었다고 말할 수 있겠는가? 이 말이 비록 천근(淺近)하
지만 실제 깊은 뜻이 있다. 요컨대 명덕의 전체가 있은 후에야 바야흐로
오상의 전덕이 있다고 말할 수 있다. 이것을 듣는 자는 반드시 놀라고
또 비웃을 것이지만 도를 아는 자가 들으면 저절로 응당 머리를 끄덕일
것이다.

若以理之一, 而謂物亦具五常全德, 則亦可以神之一, 而謂物亦具明
德全體乎? 此言雖淺, 實有深意, 要之有明德全體, 然後方可謂有五
常全德。聞此者必駭且笑, 然知道者聞之, 自應點頭。

율곡의 이통기국론과 담일청허설을 융통성 있게 봐야 한다

61　　율옹(栗翁, 이이)의 이통기국(理通氣局: 리는 통하고 기는 국한된다)한 마디를 마음으로 항상 의심하였는데, 다시 생각해 보니 이것은 리(理)와 기(氣)를 이물(二物)로 나누어, 하나는 일원(一原)에, 하나는 분수(分殊)에 소속한 것이 아니다. 단지 일원처(一原處)에서는 리를 위주로 하여 말하기 때문에 리는 통하고 기가 그 가운데 있다고 말하고, 분수처(分殊處)에서는 기를 위주로 하여 말하기 때문에 기는 국한되고 리가 또한 그 가운데 있다고 말한 것이다. 이른바 "기의 근본이 한가지인 것은 리가 통하기 때문이요, 리가 만 가지로 나누어진 것은 기가 국한되기 때문이다"192)라고 말한 것을 살펴보면 그 본의를 알 수 있다. 【주자의 이른바 이동기이(理同氣異: 리는 같고 기는 다르다)193)도 역시 그러하다.】 이른바 "담일청허(湛一淸虛)한 기가 있지 않은 곳이 많다"194)

---

192) 기의 근본이 ~ 국한되기 때문이다: 『율곡전서(栗谷全書)』 권10, 「여성호원 (與成浩原)」에 나온다. "氣之一本者, 理之通故也; 理之萬殊者, 氣之局故也。 本體之中, 流行具焉; 流行之中, 本體存焉。 由是推之, 理通氣局之說, 果落一邊 乎。"

193) 이동기이(理同氣異): 『주희집(朱熹集)』 권46, 「답황상백(答黃商伯)」에 나 온다. "論萬物之一原, 則理同而氣異; 觀萬物之異體, 則氣猶相近而理絶不同 也。"

194) 담일청허(湛一淸虛) 한 기가 ~ 많다: 『율곡전서(栗谷全書)』 권10, 「답성호 원(答成浩原)」에 나온다. "花潭則聰明過人, (…) 其於理氣不相離之妙處, 瞭 然目見, 非他人讀書依樣之比, 故便爲至樂, 以爲湛一淸之氣, 無物不在, 自以爲 得千聖不盡傳之妙, 而殊不知向上更有理通氣局一節。 繼善成性之理, 則無物 不在, 而湛一淸之氣, 則多有不在者也。"

는 대목은 마치 정자(程子)의 이른바 "삼(三)이 나타나면 일(一)과 이
(二)는 사라진다"195)는 말과 같은 것으로, 기 바깥에 사물이 있다는
말이 아니다. 그러나 어구 사이에 혹 어폐가 없지 않으니, 읽는 자가
상세히 살펴 융통성 있게 보는 것이 좋겠다.

> 栗翁理通氣局一語, 心常疑之, 更思之, 此非判理氣爲二物, 一屬之
> 一原, 一屬之分殊也。只是一原處, 則主乎理而言之, 故曰理通而氣
> 在其中; 分殊處, 則主乎氣而言之, 故曰氣局而理亦在其中。觀於所
> 謂 "氣之一本者, 理之通故也; 理之萬殊者, 氣之局故也" 云云者, 可
> 見其本意。【朱子所謂 "理同氣異" 亦然。】至於所謂 "湛一淸之氣, 多
> 有不在", 恐亦只如程子所謂 "三見則一二亡" 者, 非謂氣外有物也。
> 但句語間或不無成語病者, 讀者詳之而活看焉, 可也。

62   하나와 둘이 합하여 셋이 되고, 셋이 나타나면 하나와 둘은
사라진다. 태허(太虛)가 응취하여 사물이 되고 사물이 생성되면 태허를
볼 수 없다. 그러나 거름이 악취 나고 더러워서 비록 담일(湛一)한 모양
을 찾을 수 없을 것 같더라도, 밭에 거름을 주고 곡식을 심자 곡식
싹이 쑥 자라나면 천지(天地)의 생생(生生)하는 본체(本體)가 성대하게
그대로 드러난다. 이 기(氣)가 뚫지 않는 곳이 없음을 여기에서 볼 수
있다.

---

195) 삼(三)이 ~ 사라진다:『이정유서(二程遺書)』권15,「입관어록(入關語錄)」
     에 나온다. "一二合而爲三, 三見則一二亡。"

"一二合而爲三, 三見則一二亡。" 虛凝爲物, 物成則不可見。然糞穢
之臭惡污濁, 雖若不可尋湛一之影象, 而糞田種穀, 禾苗驟苗, 則藹
然天地生生之本體, 依舊呈露, 此氣之無處不透, 於此可見。

63 담일(湛一)은 기(氣)의 본체이니,[196] 기의 본체가 과연 있지
않음이 있다면 이것은 기 바깥에 사물이 있는 것이다. 기 바깥에 사물이
있다면 이것은 또한 성(性) 바깥에 사물이 있는 것이다.

湛一氣之本, 氣之本果有不在, 則是氣外有物。氣外有物, 則是性外
亦有物。

---

196) 담일(湛一)은 ~ 본체이니:『정몽(正蒙)』에 나온다. "湛一, 氣之本; 攻取, 氣之
欲。口腹於飲食, 鼻舌於臭味, 皆攻取之性也。知德者屬厭而已, 不以嗜欲累其
心, 不以小害大, 末喪本焉爾。"

만물의 이치가 형색에 따라 다르다

64-1 맹자가 말하길 "천하의 성(性)을 말함은 이미 그러한 자취로써 할 따름이다"197) 하고, 또 "모양과 색깔은 천성이다"198) 했다. 이 두 가지 말을 소홀히 보는 사람들이 많지만 성의 의미를 이보다 분명하게 밝힌 것이 없다. 주자가 앞의 말을 해석하길 "성은 사람과 사물이 얻어서 태어난 이치다" 하고, 그 뒤에 "사람의 선함과 물이 아래로 흐름"을 가지고 증명하고, 다시 "물은 적시며 흘러내려가는 성질을 가진다" 결론지었다.199) 그렇다면 적시며 흘러가는 성질은 물이 생겨난 이치라는 것이 어찌 분명하지 않겠는가?【「고자(告子)」 단수장(湍水章) 집주에서도 아래로 흐르는 것을 물의 본성이라고 했다.】 뒤의 말은 자연의 이치로 천성(天性)을 해석하고 또 정자의 말을 인용하여 말하길 "사람은 천지의 바른 기운을 얻어 태어났으니 만물과 다르다. 사람이라고 한다면 사람이 되는 이치를 다한 이후에야 그 이름에 걸맞게 된다"200) 했다.

---

197) 천하의 성(性)을 ~ 따름이다:『맹자(孟子)』「이루 하(離婁下)에 나온다. "孟子曰: "天下之言性也, 則故而已矣, 故者以利爲本。

198) 모양과 ~ 천성이다:『맹자(孟子)』「진심 상(盡心上)」에 나온다. "孟子曰: "形色, 天性也, 惟聖人然後可以踐形。"

199) 주자가 앞의 말을 ~ 결론지었다:『맹자집주(孟子集註)』「이루 하(離婁下)」 주자 주에 나온다. "性者, 人物所得以生之理也。(…) 人之善, 水之下, 非有所矯揉造作而然者也。(…) 禹之行水, 則因其自然之勢, 而導之, 未嘗以私智穿鑿, 而有所事, 是以水得其潤下之性, 而不爲害也。"

200) 사람은 ~ 걸맞게 된다:『맹자집주(孟子集註)』「이루 하(離婁下)」 주자 주에 나온다. "程子曰: 此言聖人盡得人道而能充其形也。蓋人得天地之正氣而生, 與萬物不同, 旣爲人, 須盡得人理然後, 稱其名。衆人有之而不知, 賢人踐之而

무릇 이미 "만물과 다르다. 사람의 이치를 다 해야 한다" 말했으니,
만물의 이치가 그 형색(形色)에 따라 다름이 어찌 분명하지 않은가.

　　　孟子曰: "天下之言性則故而已。" 又曰: "形色天性也。" 此兩言者,
　　　人多忽之, 然性之義, 莫明於此也。朱子於前則釋之曰: "性者, 人物
　　　所得以生之理也。" 其下卽以"人之善, 水之下"明之, 而又結之以"水
　　　得其潤下之性" 云云, 則潤下之爲水之所得以生之理者, 豈不明甚矣
　　　乎?【告子湍水章集註, 亦以就下爲水之本性。】於後則旣以自然之
　　　理釋天性, 而又引程子說, 曰: "人得天地之正氣而生, 與萬物不同。
　　　旣爲人, 須盡得人理然後, 稱其名。" 夫旣曰 "與萬物不同, 須盡得人
　　　理", 則萬物之理, 各隨其形色而異者, 亦豈不較然乎。

64-2　요즘 사람들이 성즉리(性卽理) 세 글자로 본성이 같다는 증거를
삼지만 이 두 장을 고찰하면 이른바 '얻어서 생겨난 이치'와 '저절로
그러한 이치'의 이치가 성즉리의 이치[理]와 무엇이 다른가? 그렇다면
성즉리는 유독 본성이 같다는 증거만 되고 본성이 다르다는 증거가
되지 못하겠는가? 리(理)는 하나이면서 만 가지이다. 하나면 같고 만
가지이면 다르다. 하나이면서 만 가지이고, 만 가지이면서 하나이다.
같지만 다르지 않을 수 없고, 다르지만 같지 않은 적이 없다. 이것이
리의 전체(全體)이다. 지금 하나로 같은 리만을 알고서 만 가지로 다른

　　　未盡, 能充其形, 惟聖人也。"

것은 기(氣)이고 리가 아니라 한다. 기 밖에 리가 없고 성(性) 밖에 사물이 없다. 기를 위주로 하여 말하면, 만 가지가 분명 기인 것처럼 하나도 역시 기가 아니겠는가? 리를 위주로 하여 말하면, 하나가 분명 리인 것처럼 만 가지도 역시 리가 아니겠는가? 아! 리와 기를 둘로 나눈 지 오래되었으니, 속견(俗見)으로 어둠 속에서 코끼리를 더듬고 말에 얽매어 뜻을 혼동하는 것이 어찌 괴이할 바가 있겠는가?

> 今人每以性卽理三字, 證性之同, 而今以此二章觀之, 所謂"所得以生之理," 所謂"自然之理"者, 性卽理之理, 有何別乎, 則所謂性卽理者, 何獨爲同之證, 而不可爲異之證也? 盖理者, 一而萬者也, 一則同矣, 萬則異矣。一而萬, 萬而一, 同而不能不異, 異而未嘗不同者, 乃理之全體也。今但知一而同者之爲理, 而其萬而異者則曰氣也, 非理也。夫氣外無理, 性外無物。主氣而言, 則萬者固氣也, 一者獨非氣乎? 主理而言則, 一者固理也, 萬者獨非理乎? 噫, 理氣之判而爲二也久矣, 俗見之暗中模象, 執言迷旨者, 庸何恠乎?

만물 각각의 이치가 된 것이 본연이다

65 본연(本然)은 천리가 본래 이와 같은 것이다. 한 이치가 혼연(渾然)하고 만상이 삼연(森然)하다고 하면 혼연한 것은 그 본체이고 삼연한 것 또한 본체가 본래 갖고 있는 것이 아니겠는가? 지금 한 이치를 본연이라고 하고 만 가지는 본연이 아니라고 하면 혼연하다는 것은 흐릿하고 아무것도 없어서 동정(動靜)하면서 음양이 되는 과정을 관할하지 못할 것이니, 상황에 따라 음양을 낳기고 하고 또 상황에 따라 오행과 만물을 낳게 된다. 그렇다면 이치를 본연의 본체로 삼을 때 텅 비어 말끔히 아무것도 없는 뒤에야 가할 것이니 노자의 허무(虛無)도 이렇지는 않을 것이다.

> 本然者, 只是天理之本如是者也。一理渾然, 萬象森然, 則渾然者固
> 其本體, 而森然者亦豈非本體之所固有乎? 今以理之一者爲本然,
> 而萬者爲非本然, 則是其所謂渾然者, 將儱侗都無一物, 而自動而
> 陽, 靜而陰, 己管攝他不得, 逐旋生出陰陽, 又逐旋生出五行萬物矣。
> 然則使理而果充其本然之體, 則只空空蕩蕩, 潔潔淨淨, 都無一物然
> 後可耳, 老氏之無, 恐亦不至此。

66 텅 비어 조짐이 없을 적에 만상(萬象)이 삼연(森然)히 이미 갖추어져 있는 것은 천리 본연의 본체이다. 음양과 오행이 갈마들며 만물이

각자의 바른 본성을 얻는 것은 천리 본연의 작용이다. 치우치지도 기울지도 않고 만 가지 이치가 찬연(燦然)한 것은 인성(人性) 본연의 본체이다. 사단과 칠정이 갈마들며 일마다 절도에 맞는 것은 인성 본연의 작용이다. 이치가 만물에 부여되어 만물 각각의 이치가 된 것을 본연이 아니라고 하면 본성이 일에 발동하여 일의 도리에 합당한 것도 본연이 아니라는 것인가? 공자가 말하길 "하늘이 뭇 백성을 내시니 사물이 있으면 법칙이 있다"201) 했는데, 이 또한 본연이 아니라는 말인가? 정자(程子)가 말하길 "사물마다 본래 중(中)이 있다"202) 했는데, 이 또한 본연이 아니라는 말인가? 작용의 발동은 본체에 갖추어 있고, 합해졌다가 열리는 것203)이 본연이고, 물고기가 뛰어오르고 소리개가 나는 것이 본성의 발현이다. 눈앞에 온전한 소가 보이지 않는 경지에 이른 사람204)은 당연히 이를 알 것이다.

> 冲漠無眹, 萬象森然者, 天理本然之體也; 二五迭運, 物各正性者, 天
> 理本然之用也; 不偏不倚, 萬理燦然者, 人性本然之體也; 四七互用,

---

201) 하늘이 ~ 법칙이 있다:『시경(詩經)』「대아 탕지십(大雅蕩之什)」증민(烝民)편에 나온다. "天生烝民, 有物有則。民之秉彝, 好是懿德。天監有周, 昭假于下。保茲天子, 生仲山甫。"

202) 사물마다 ~ 중(中)이 있다:『근사록(近思錄)』권1,「도체(道體)」에 나온다. "楊子拔一毛不爲, 墨子又摩頂放踵爲之, 此皆是不得中。至如子莫執中, 欲執此二者之中, 不知怎麽執得? 識得則事事物物上皆天然有個中在那上, 不待人安排也。安排著則不中矣。"

203) 합해졌다가 열리는 것:『통서(通書)』에 나온다. "混兮闢兮, 其無窮兮。"

204) 눈앞에 ~ 이른 사람:『장자(莊子)』「양생주(養生主)」에 나온다. "始臣之解牛之時, 所見無非牛者。三年之後, 未嘗見全牛也。(…) 彼節者有間而刀刃者無厚, 以無厚入有間, 恢恢乎其於遊刃, 必有餘地矣。"

事各中節者, 人性本然之用也。今謂理之賦於物而各爲一物之理者, 不得爲本然, 則性之發於事而各得一事之宜者, 亦不得爲本然乎? 孔子曰: "天生烝民, 有物有則。" 則亦非本然乎? 程子曰: "事事物物, 皆天然有箇中。" 中亦非本然乎? 夫用之所行, 卽體之所具; 一混一闢, 莫非本然; 魚躍鳶飛, 揔是眞性。眼無全牛者, 自當識之。

자취에서 본성을 알 수 있다

67　본성과 자취는 발현과 미발(未發), 유형(有形)과 미형(未形)으로 나눈 것으로 기실 자취가 본성이고 본성이 자취이다. 예를 들어 적시며 아래로 흘러가는 것은 물의 본성이지만 산에서 물이 나오기 전에는 경험할 수 없다. 흘러내려 간 후에야 흘러내려 가는 본성을 알 수 있다. 불꽃이 위로 솟구치는 것은 불의 본성이지만 불타기 전에는 이를 볼 수 없다. 불타오른 후에야 솟구치는 본성을 알 수 있다. 이것은 불타오르고 흘러내려 가는 한 사례일 뿐이다. 미연(未然)이 곧 본성이고 이연(已然)이 곧 자취이면서 자취 밖에 별도로 본성이 있지 않음이 또한 마치 종을 치기 전에 종소리가 본래 있지만 타종한 후에야 소리를 들을 수 있는데, 타종하기 전은 본성이고 타종은 자취로 종소리 밖에 별도로 종의 본성이 있지 않은 것과 같다. 맹자가 또한 우(禹) 임금이 치수(治水)하는 것으로 설명하여 대소(大小)를 분명하게 밝혔고,[205] 정자가 "천명(天命)에서부터 교(敎)에 이르기까지 내가 더하거나 덜 것이 없다"[206] 한 말이 이것이다.

---

205) 우(禹) 임금이 ~ 밝혔고:『맹자(孟子)』「이루하(離婁下)」에 나온다. "孟子曰: 天下之言性也, 則故而已矣。故者以利爲本。所惡於智者, 爲其鑿也。如智者若禹之行水也, 則無惡於智矣。禹之行水也, 行其所無事。如智者亦行其所無事, 則智亦大矣。"

206) 천명(天命)에서부터 ~ 덜 것이 없다:『이정유서(二程遺書)』권1,「단백전사설(端伯傳師說)」에 나온다. "此理, 天命也。順而循之, 道也。循此而修之, 各得其分, 則敎也。自天命以至於敎, 我無加損焉, 此舜有天下而不與焉者也。"

性與故, 只有發未發, 形未形之分耳, 其實故卽是性, 性卽是故。如
潤下是水之性, 然未出山以前, 無由驗之, 唯流而就下然後, 乃知其
性之下也; 炎上是火之性, 然未燃之前, 亦無由見之, 唯噓而炎之然
後, 乃知性之上也。是則只一炎上潤下耳, 未然卽是性, 已然卽是
故, 而故外更無所謂性者, 又如鐘之未撞, 聲固在也, 而唯撞而後, 乃
知其聲, 未撞是性, 已撞是故, 而聲外更無鐘之性也。孟子又以禹之
行水明之, 大小大分明, 程子所謂 "自天命以至於敎, 我無加損焉"者,
正謂是爾。

68　　"자취[故]는 순리[利]로 근본으로 삼는다"207) 했는데, 순리는
본연을 지칭한다. 따라서 『맹자집주(孟子集註)』에서 "사람이 악을 행하
는 것은 물이 산에 있는 것과 같으니 자연스러운 자취가 아니다"208)
했다. 자연은 본연이다.【근본이 된다[爲本]는 본(本) 글자는 본연의
본과 같다.】단수장(湍水章)의 주에 "그 본성은 흘러내려 가지 않은
적이 없는데, 물을 쳐서 튀어 오르게 하여 그 본성을 거슬렀을 뿐이
다"209) 하였으니, 함께 살펴보면 그 뜻을 알 수 있다.

---

207) 자취[故]는 ~ 삼는다: 『맹자(孟子)』「이루 하(離婁下)」에 나온다. "孟子曰:
　　 "天下之言性也, 則故而已矣, 故者以利爲本。
208) 사람이 ~ 아니다: 『맹자집주(孟子集註)』「이루 하(離婁下)」주자 주에 나온다.
209) 그 본성은 ~ 뿐이다: 『맹자집주(孟子集註)』「고자 상(告子上)」주자 주에
　　 나온다. "水之過額在山, 皆不就下也, 然其本性, 未嘗不就下, 但爲搏擊所使而
　　 逆其性耳。此章, 言性本善, 故順之而無不善, 本無惡, 故反之而後爲惡, 非本無
　　 定體而可以無所不爲也。"

"故者以利爲本。" 此利字正指本然。故《集註》曰: "人之爲惡, 水之
在山, 則非自然之故矣。" 自然卽本然也。【"爲本"之本, 卽本然之
本。】《湍水章註》云: "其本性未嘗不就下, 但爲搏激所使而逆其性
耳。" 合而觀之, 可見其意。

69　경서에서 말한 성(性)과 천도(天道)는 맹자에 이르러 남김없이
그 의미가 환히 밝혀졌다. 예를 들어 맹자가 "그 마음을 다하는 자는
그 성을 알 것이니, 그 성을 알면 하늘을 안다. 그 마음을 보존하여
그 성을 기름은 하늘을 섬기는 것이다",210) 또 "형색(形色: 모양과 색깔)
은 천성(天性)이니, 오직 성인이 된 다음에 형상을 실천할 수 있다",211)
또 "군자가 본성으로 여기는 바는 비록 크게 행하더라도 더해지지 않으
며 비록 궁하게 거하더라도 덜어지지 않으니, 분수가 정해진 까닭이다.
군자가 본성으로 여기는 바는 인과 의와 예와 지로서 마음에 뿌리를
두고 있기 때문에, 그 빛남이 윤택하게 얼굴에 나타나며 등에 가득하게
차며 사지에 베풀어져서 사지가 말하지 않아도 깨우친다",212) 또 "만물
이 다 나에게 갖추어져 있으니, 몸에 돌이켜서 성실하면 즐거움이 이보
다 큰 것이 없다"213) 말했다. 이와 같은 말들은 모두 평이해서 보통으로
하는 말 같지만 도의 묘리를 훤히 꿰뚫어 시원하다. 이 글들을 읽고

---

210) 그 마음을 ~ 섬기는 것이다: 『맹자(孟子)』 「진심 상(盡心上)」에 나온다.
211) 형색(形色)은 ~ 있다: 『맹자(孟子)』 「진심 상(盡心上)」에 나온다.
212) 군자가 ~ 깨우친다: 『맹자(孟子)』 「진심 상(盡心上)」에 나온다.
213) 만물이 ~ 큰 것이 없다: 『맹자(孟子)』 「진심 상(盡心上)」에 나온다.

마음으로 융해한다면 의미가 무궁하여 손으로 춤추고 발로 뛰면서 기쁨을 가누지 못하리니 도와 하나가 된 자가 아니면 어찌 이런 경지에 이를 수 있겠는가?

經書中說性與天道, 至孟子乃呈露昭著, 無復餘蘊。如曰: "盡其心者, 知其性也。知其性, 則知天矣。存其心, 養其性, 所以事天也。" 曰: "形色, 天性也, 唯聖人然後, 可以踐形。" 曰: "君子所性, 雖大行不加焉, 雖窮居不損焉, 分定故也。君子所性, 仁義禮智根於心, 其生色也, 睟然見於面, 盎於背, 施於四體, 四體不言而喩。" 曰: "萬物皆備於我矣, 反身而誠, 樂莫大焉。" 凡此之類, 皆平易發之, 若尋常說話, 而其發明道妙, 通透灑落。使人讀之, 心融神解, 意味無窮, 有不知手之舞足之蹈者, 非幾於與道爲一者, 何以及此?

70　솔개는 날개가 있어서 마땅히 날 수 있고 물고기는 지느러미가 있어 마땅히 도약할 수 있다. 날거나 도약하는 것은 본래 갖고 있는 천성(天性)이다. 소가 논밭을 갈고 말이 달리는 것도 마찬가지다. 급히 흐르는 물길은 절로 흘러내려 가고 맹렬히 타는 불길은 저절로 타오르기 마련이다. 타오르거나 흘러내려 가는 것은 천성이다. 이는 사물에 일정한 법칙이 있다는 말과 같은 의미이지만 천형(踐形) 두 글자의 의미가 더욱 분명하고 좋다. 날개와 지느러미, 급히 흐르거나 맹렬히 타는 것은 형색(形色)에 해당한다. 당연히 날고, 도약하고, 타오르고, 흘러내려가는 것들은 성(性)과 도(道)에 해당한다. 날기도 하고, 도약하기고

하고, 타오르기도 하고 흘러내려 가기도 하는 것들은 천형과 교(敎)에
해당한다. 이것을 여전히 본연이 아니라고 하면서 이런저런 이야기로
현혹한다면 더 이상 할 말이 없다.

> 鳶有翼, 則自當飛; 魚有鬐, 則自當躍。其飛其躍, 卽天性也。牛耕馬
> 馳, 亦然。水形流利, 則自當下; 火色騰烈, 則自當上。其上其下, 卽
> 天性也。此與有物有則同義, 而踐形二字尤明切有味。翼與鬐, 流利
> 與騰烈, 形也; 當飛當躍, 當上當下, 性也, 道也。其或飛或躍, 或上
> 或下, 踐形也, 敎也。於此猶以爲非本然, 而多爲說以眩之, 則更無
> 可說。

성즉리는 사물마다 갖고 있는 이치이다

71　『주자어류(朱子語類)』에 제자가 "성즉리(性卽理)가 무엇입니까?"
하고 묻자, 주자가 "사물에는 모두 본성이 있으니 모두 이치를 갖고
있다" 했다. "바싹 말라비틀어진 나무에도 이치가 있습니까?" 하고 묻
자, "'고사한 것일지라도 본래 도리를 갖고 있다' 하고 화병을 가리키면
서, '화병은 화병의 도리를 갖고 있고 서등(書燈)은 서등의 도리를 갖고
있다. 물이 아래로 흘러가고, 불이 타오르고, 쇠가 모양이 바뀌고, 나무
가 굽거나 반듯하고, 땅에 씨 뿌리고 거두는 이 모두는 성(性)이 있고
이치가 있다. 사람이 사용하려면 그것의 이치대로 해야 가능하다. 만일
쇠를 깎아 나무처럼 사용한다거나 나무를 녹여 쇠처럼 사용하고자 한다
면 이치가 없는 셈이다' 했다."214) 【하손의 기록】 이에 근거하면 성즉리
의 리(理)는 사물마다 갖고 있는 이치임이 분명하며 맹자가 "성을 말함
은 이미 그러한 자취로써 할 따름이다",215) "형색(形色: 모양과 색깔)은
천성이다"216) 하는 말과 같다. 『주역본의(周易本意)』에서 『주역(周易)』
무망괘(無妄卦) 대상전(大象傳)을 "본성으로 받은 바를 따라 사사로이
하지 않는다"217)고 풀이한 말도 같은 의미다. 정이(程頤)의 『역전(易傳)』

---

214) 『주자어류(朱子語類)』에 제자가 ~ 이치가 없는 셈이다' 했다: 『주자어류(朱
　　子語類)』 권97, 「정자지서3(程子之書三)」에 나온다.
215) 성을 말함은 ~ 따름이다: 『맹자(孟子)』 「이루 하(離婁下)」에 나온다.
216) 형색(形色)은 천성이다: 『맹자(孟子)』 「진심 상(盡心上)」에 나온다.
217) 본성으로 ~ 않는다: 『주역본의(周易本意)』 무망괘(無妄卦) 대상전(大象傳)
　　주자 주에 나온다. "先王, 法此, 以對時育物, 因其所性而不爲私焉."

도 마찬가지인데, 정자(程子, 정이)가 "성인은 때를 성대히 응대하여 만물을 기르고 각자 그 본성을 얻도록 한다"[218] 했는데, 의미가 더욱 분명하다.

《語類》問: "性卽理, 何如?" 曰: "物物皆有性, 便皆有其理." 曰: "枯槁之物, 亦有理手?" 曰: "不論枯槁, 他本來都有道理, 因指花瓶, 云: '花瓶便有花瓶底道理, 書燈便有書燈底道理。水之潤下, 火之炎上, 金之從革, 木之曲直, 土之稼穡, 一一都有性, 都有理。人若用之, 又著順他理始得。若把金來削做木用, 把木來鎔做金用, 便無此理.'" 【賀孫錄】據此, 性卽理之理, 只指隨物各具之理明矣, 與孟子言性則故, 及形色天性恰同。《易》"無妄"大象《本義》, "因其所性而不爲私焉"云云者, 亦此意也。《程傳》亦同, 程子又曰: "聖人茂對時育萬物, 使各得其性." 語意尤明。

72　『대학혹문(大學或問)』 격치장(格致章)에서 당연(當然)과 소이연(所以然)으로 사물의 이치를 해석하고, 또 여여숙(呂與叔)이 사물의 속성[性情]이 다른 것을 궁구하지 않는다고 비판했다.[219] 성정(性情)은

---

218) 성인은 ~ 얻도록 한다: 『이천역전(伊川易傳)』 무망괘(無妄卦) 대상전(大象傳)의 소주(小註)에 나온다.

219) 『대학혹문(大學或問)』 ~ 비판했다: 주자의 『대학혹문(大學或問)』에 나온다. "蓋有以必窮萬物之理同出於一爲格物, 知萬物同出乎一理爲知至, 如合內外之道, 則天人物我爲, 通晝夜之道, 則死生幽明爲一, 達哀樂好惡之情, 則人與鳥獸魚鼈爲一, 求屈伸消長之變, 則天地山川草木爲一'者, 似矣。然其欲必窮萬物之理, 而專指外物, 則於理之在己者有不明矣。但求衆物比類之同, 而不究一

당연과 소이연의 이치를 지칭하니 기질로 봐서는 안 될 것 같다. 이러한 곳은 굳이 따져볼 필요가 없다.

《大學或問》"格致章", 旣以當然所以然釋物理, 而又以不究一物性
情之異, 斥呂氏。性情正指其當然所以然之理, 則恐作氣質看不得。
此等處, 正不待辨。

物性情之異, 則於理之精微者有不察矣。不欲其異而不免乎四說之異, 必欲其
同而未極乎一原之同, 則徒有牽合之勞, 而不睹貫通之妙矣。其於程子之說何
如哉。"

이일분수를 분명히 살펴라

73　『중용(中庸)』은 일원처(一原處)로부터 말했기 때문에 같음을
말함에 다름이 그 안에 있고,『맹자(孟子)』는 분수처(分殊處)로부터 말
했기 때문에 다름을 말함에 같음이 그 안에 있다. 일원과 분수는 같은
곳이니 같다거나 다르다거나 모두 본연(本然)이다.

> 《中庸》自一原處言, 故言同而異在其中;《孟子》自分殊處言, 故言
> 異而同在其中。一原分殊, 同一地頭, 曰同曰異, 無非本然。

74　주자가 말하길 "사람과 만물이 같은 것은 이치이고 다른 것은
심 때문이다" 했는데, 앞 구절은 사람과 만물이 이치를 같이 받았음을
말한 것이고 뒤 구절의 "다른 것은 심이다" 하는 대목에 이르러야 비로
소 부여받은 성(性)을 말할 수 있으니,220) 이것이 심(心)을 말하면 성이
그 안에 있다는 말이다. 리(理)는 하나이지만 사람은 사람의 기(氣)로써
리를 부여받아 사람의 본성이 되고 사물은 사물의 기로써 리를 부여받

---

220) 주자가 말하길 ~ 이 뜻이다:『주자어류(朱子語類)』권57, 「맹자7(孟子七)」
　　에 나온다. "敬之問: '人之所以異於禽獸者幾希.' 曰: '人與萬物都一般者, 理也;
　　所以不同者, 心也. 人心虛靈, 包得許多道理過, 無有不通. 雖間有氣稟昏底, 亦
　　可克治使之明. 萬物之心, 便包許多道理不過, 雖其間有稟得氣稍正者, 亦止有
　　一兩路明. 如禽獸中有父子相愛, 雌雄有別之類, 只有一兩路明, 其他道理便都
　　不通, 便推不去. 人之心便虛明, 便推得去. 就大本論之, 其理則一; 纔稟於氣,
　　便有不同.'"

아 사물의 본성이 된다. 주자의 "기를 따라 전환한다"[221]는 말이 이 뜻이다. 그러나 인성(人性)이든 물성(物性)이든 원래 하나의 성으로, 소는 본디 소의 성이고 말은 본디 말의 성이어서 대본(大本)이 다른 것이 아니다. 이일분수(理一分殊) 네 글자를 분명히 살펴야 한다.

> 朱子曰: "人與萬物, 都一般者理也, 所以不同者心也." 上句只是說人物同得此理之意, 而至下不同者心, 然後方說所受之性, 此正所謂言心而性在其中者也. 蓋理一也, 而人以人之氣受之, 爲人之性, 物以物之氣受之, 則爲物之性, 卽朱子所謂"隨氣轉了"者. 然其實無論人性物性, 元只是一性, 非牛自牛性馬自馬性, 而大本不一也. 理一分殊四字, 更宜著眼.

---

221) 기를 따라 전환한다:『주자어류(朱子語類)』권59,「맹자9(孟子七)」에 나온다. "又曰: 物也有這性, 只是裏得來偏了, 這性便也隨氣轉了."

담일한 기가 유행하면서 정통하고 편색하고 탁박해진다

75-1 삼연(三淵, 김창흡)이 율옹(栗翁, 이이)이 말한 선(善)은 청기(淸氣)가 발동한 것이고, 악은 탁기(濁氣)가 발동한 것이라는 단락을 평하여 말하길 "단지 기가 주재하는 것만을 알고 성선에 무게를 두지 않으니 맹자와는 다르다"222) 했다. 이어서 농암(農巖, 김창협)의 설을 들어 말하길 "기가 지극히 맑은 경우는 끝내 악한 정이 발동하지 않는다. 이를 통해 성은 본래 악하지 않고 악은 단지 기의 작용임을 알 수 있다. 지극히 탁한 기도 선한 정이 발동한다. 이를 통해 선은 성에 근본하고 기가 결국 그것을 가릴 수 없음을 알 수 있다"223) 했다. 【농암의 설은 여기까지다.】 율옹이 청기와 탁기를 대대하여 말한 것은 마치 두 기가 마음에 병렬하여 있다가 번갈아가며 나오는 것 같은 인상을 주어서 타당하지 않은 것 같다. 그러나 도심(道心)은 본연지기(本然之氣)라는 율옹의 말을 음미해보면 이는 말의 병통일 뿐이다. 농암이 탁한 기도 선한 정을 발동할 수 있다 한 말은 기 본체는 성인과 범인이 일치함을 미처 생각하지 못한 것 같다.

---

222) 단지 기가 ~ 다르다:『삼연집(三淵集)』권33,「일록(日錄)」에 나온다. "栗谷所謂 '善者淸氣之發, 惡者濁氣之發', 徒知主張者在氣, 而不以性善爲重, 亦異乎孟子矣。"

223) 기가 ~ 알 수 있다:『삼연집(三淵集)』권33,「일록(日錄)」에 나온다. "仲氏之言曰: '氣至淸者終無惡情之發, 此見性之本無惡, 而惡只是氣之爲也; 氣至濁者容有善情之發, 此見善之根於性, 而氣終有不能蔽也。' 可謂篤論。"

三淵論栗翁善者淸氣之發, 惡者濁氣之發一段, 云: "徒知主張者在氣, 而不以性善爲重, 亦異乎孟子矣." 因擧農巖說, 曰: "氣至淸者終無惡情之發, 此見性之本無惡, 而惡只是氣之爲也; 氣至濁者容有善情之發, 此見善之根於性, 而氣終有不能蔽也."【農巖說止此.】夫栗翁說幷擧淸氣濁氣而對言之, 有若二氣幷立於胷中, 迭相出來者, 固似未安, 然以道心本然之氣一語推之, 則是不過語病耳。若農巖所謂濁氣亦能發善情云云, 則恐於此氣本體, 聖凡一致處, 未及致思也。

75-2 기의 본체는 담일(湛一)할 뿐인데 유행하면서 응취하면 정통(正通)과 편색(偏塞)의 구분이 생긴다. 사람은 정통한 기를 받아 태어나서 마음이 공통(空通: 텅 비고 통철함)하다. 이 공통이 담일의 본체로 확 트여 요임금과 폭군 걸(桀) 사이에 차이가 없다. 이것이 호연지기로 인성이 선한 이유가 바로 여기에 있다. 다만 정통한 가운데 탁박(濁駁)한 기가 섞이지 않을 수 없고, 탁박한 정도가 다양해서 아주 심하면 도척(盜跖)과 장교(莊蹻)처럼 온통 탁박한 기여서 담일한 본체를 다시 볼 수 없을 정도가 된다. 그러나 실제로는 정통한 가운데 찌꺼기가 섞였을 뿐이니 마치 맑은 물이 진흙과 모래로 혼탁한 것과 같다.

盖氣之本, 湛一而已矣, 及其流行凝聚, 便有正偏通塞之分。人得其正且通者以生而方寸空通, 卽此空通, 湛一本體, 便已洞然, 更無堯桀之別。此卽所謂浩然之氣, 而人性之所以善, 正在於此。特其正通

之中, 或不能無濁駁之雜, 而所謂濁駁, 亦有多少般樣, 多之至而至
於跙躇, 似乎全是濁駁, 不復可見其本體之湛一。然究其實, 則亦只
是正通中渣滓, 如淸水之爲泥沙所混耳。

75-3 따라서 어린아이가 우물에 들어가려고 하는 경우를 별안간 보게
되면 애연(藹然)히 착한 단서가 발동한다. 이 발동은 탁기(濁氣)를 타
는 것도 아니고 리(理)가 조작하는 것도 아니기 때문에 여전히 인의(仁
義)의 본성이 담일(湛一)한 본연지기(本然之氣)를 타고 사재(渣滓)를 뚫
고 나오는 것이다. 이와 같은 연후에야 진실로 지선(至善)한 성을 볼
수 있고 탁박한 찌꺼기는 담일한 본체와는 관계가 없다.

是故一或有孺子入井之類, 瞥來感觸, 則藹然善端, 便卽闖發, 而其
發也, 非乘濁氣也, 亦非理之有造作也, 依舊是仁義之性, 自乘了本
然湛一之氣, 闢坼了渣滓而出來耳。如此然後, 方見性之眞簡至善,
而渣滓之濁駁, 無與於本體之湛一也。

75-4 지금 만약 성선을 위주로 하면서 타고 있는 기가 비록 탁박(濁駁)
할지라도 선한 정(情)이 발동하는 데 방애가 되지 않는다고 하면 온통
리(理)만 비중을 두고 기(氣)가 청탁(淸濁)한 여부는 아무 상관이 없게
되어 기질을 변화시키는 공부가 필요 없게 된다. 또 탁한 기가 선한
정을 발동할지라도 또한 악한 정을 발동하지 않을 수 없다면 리를 때때

로 믿을 수 없으니 어떻게 할 것인가? 또 성선을 위주로 한다고도 말할
수 있겠는가? 남당(南唐) 한원진(韓元震)224)이 농암(農巖, 김창협)의 이
설을 사용하여 주장한 것이 앞 시대 사람들이 미처 밝히지 못한 것을
밝혔다고 한다면 참으로 가소롭다.

> 今若謂性善爲主, 所乘之氣, 雖或濁駁, 無害於善情之發, 則是全然
> 歸重於理, 而氣之淸濁, 都不關係, 無事乎變化氣質之功也。又況氣
> 之濁者, 雖或發善情, 亦不能不發惡情, 則其於理之有時而不可恃,
> 何哉? 而又安用夫性善之爲主乎? 韓南塘承用農巖此說而主張之,
> 有若發前人所未發, 良堪一噱。

---

224) 한원진(韓元震): 한원진(韓元震, 1682-1751)은 자는 덕소(德昭)이고 호는
　　남당(南塘)이다. 호락논쟁(湖洛論爭)에서 호론(湖論)인 인물성이론(人物性
　　異論)을 주장한 대표적 인물이다.

녹려잡지 해제*

최 영 진

(한국주자학회 초대회장, 성균관대학교 명예교수)

「녹려잡지」(鹿廬雜識)는 18세기 조선의 대표적 성리학자인 녹문 임성주(鹿門 任聖周, 1711-1788)의 저작이다. 이 글은 녹문이 48-49세에 지은 것으로서,『녹문선생문집』권19〈잡저〉1-39면에 수록되어 있다. 녹문 성리설의 핵심적 내용들이 총합되어 있는 작품이다.

1. 녹문 임성주의 삶과 저작

13세기 중엽부터 한국에 수용되기 시작한 주자학은 15세기 여말선초 혁명기의 이념으로 기능하였으며, 16세기 사단칠정논변을 통하여 한국성리학으로 정립되었다. 그리고 17세기 변혁기에 조선 사회를 이끌어가는 강력한 이념으로 작동하였으며, 18세기 호락논변에서 새로운 이슈가 제기되고 이를 해결해 나가는 과정에서 새로운 이론들이

---

* 본 해제는 손홍철의「녹문 임성주의 이일분수론 연구」(1999년 연세대 박사학위논문)와 홍정근의「湖洛論爭에 關한 任聖周의 批判的 止揚 硏究」(2000년, 성균관대 박사학위논문)를 바탕으로 하여 작성한 것이다.

창출되었다. 이후 19세기 중엽부터 20세기 중엽까지 전개된 심설논변을 통하여 한국성리학은 주자학의 범위 안에서 심학화 되는 과정을 밟게 된다. 이와 같이 한국성리학은 사단칠정논변·호락논변·심설논변을 통하여 정립되고 심화되어 중국의 주자학과 구별되는 이론체계를 구축하게 된 것이다. 이와 같은 대규모 논쟁은 중국이나 일본에서 찾아볼 수 없다.

녹문의 성리설은 위에서 제시한 세 가지 논변 가운데 호락논변과 직접적으로 연관된다. 호락논변은 기호학파의 노론계 학자인 남당 한원진(1682-1751)과 외암 이간(1677-1737)의 논변을 계기로 발생한 것이다.

외암과 남당 사이의 치열한 논쟁 이후, 호락논쟁의 영향은 오랫동안 지속되었다. 그리고 시간이 흐르면서 낙론과 호론을 종합·지양하려는 많은 학자들이 나타나게 된다. 그 대표적인 학자가 바로 녹문 임성주(1711- 1788)와 노사 기정진(蘆沙 奇正鎭, 1798-1879)이다. 현상윤은 녹문을 조선조 성리학의 육대가(六大家) 중의 한 사람으로 규정한 바 있다.[1]

녹문은 1711년(숙종 37년 신묘) 7월 17일 충청도 청풍(현재 충북 제천)에서 노은 임적(老隱 任適, 1685-1728)의 차남으로 태어났다. 외암보다 34세, 남당보다는 29세 연하이다. 풍천(豊川) 임씨로서 자는 중사(仲思)이고 호는 녹문이며 시호는 문경(文敬)이다. 1578년 공주의 녹문동(鹿門洞)으로 돌아와 살았기 때문에 사람들이 녹문선생이라고 불렀

---

1) 玄相允, 「朝鮮儒學史」 (현음사, 1986), 66.

다고 한다. 세자익위사 세마(世子翊衛司 洗馬, 1750), 임실현감(任實縣監, 1754), 양근군수(楊根郡守, 1771) 등을 지냈고, 헌종 11년에 대사헌(大司憲, 1845)에 추증되었다.

그는 도암 이재(陶庵 李縡, 1680-1746)의 제자로서 평생 도암을 정신적 지주로서 모셨다. 1739년-1734년 약 5년간 도암과 토론한 내용을 정리한 것이 「한천어록」인데, 여기에는 사서삼경과 『심경』 그리고 칠정에 대한 견해들이 수록되어 있다.

녹문의 주요 저작들을 도표로 정리하면 다음과 같다.[2]

주요 내용	저서 제목(『鹿門集』의 쪽수, 卷 數, 당시 鹿門의 나이 順序)
經學思想	『心經』(228쪽, 권12, 17세) 『小學』(239쪽, 권12, 17-18세) 『論語』(249쪽, 권13, 18세) 『中庸』(258쪽, 권13, 25세) 『儀禮』(275쪽, 권14, 30-31세) 『周易』(286쪽, 권14, 31-32세) 『尙書』(294쪽, 권15, 54-55세) 『大學』(316쪽, 권16, 70세) 『寒泉語錄』(332쪽, 권17, 19-23세) 『玉溜講錄』(336쪽, 권17, 25세)
理氣-心性論	『鹿廬雜識』(369쪽, 권19, 48-49세) 『散錄』(383쪽, 권19, 17-73세) 『與渼湖金公』(16쪽, 권2, 24-26세) 『答金幼道』(53쪽, 권3, 50-52세) 『次渼湖神氣吟三篇再疊因足成心性雜詠三十六首』(527쪽, 　　권26, 58세) 『答李伯訥』(82쪽-93쪽, 권5, 74-75세)

---

2) 다음 도표는 손흥철의 위의 책, 21에서 전재한 것이다.

주요 내용	저서 제목(『鹿門集』의 쪽수, 卷 數, 당시 鹿門의 나이 順序)
人物性同異論	『鹿廬雜識』(369쪽, 권19, 48-49세) 『人物性圖垃說』(393쪽, 권20, 40세) 『與渼湖金公』(16쪽, 권2, 24-26세) 『答金幼道』(53쪽, 권3, 50-52세) 『次渼湖神氣吟三篇再疊因足成心性雜詠三十六首』(527쪽, 　권26, 58세) 『答李伯訥』82쪽-93쪽, 권5, 74-75세)
講論	『書筵講義』(349쪽, 권18, 40세)
人心道心	『答宋時偕』(61쪽, 권4, 18-19세)
禮論과 禮節	『答金伯高』(100-106-108-111-115-118쪽, 권6 37-54세) 『南塘元震禮說辨』(389쪽, 권20, 24세) 『居家儀節』(391쪽, 권20, 24세)『答李伯訥』(94쪽, 권5, 75세)
氣, 氣質, 渣滓	『與渼湖金公元行』(16쪽, 권2, 24-26세) 『答李伯訥』(66-69, 71, 82-93, 102쪽, 권4-5, 75세) 『金幼道一原分殊說籤』(406쪽, 권20, 75세)
附錄	行狀, 동생 任靖周가 씀, 家系, 生涯 등 주요 행적

2. 녹문 성리학설의 배경: 호락논쟁

　　도암은 노론 가운데 낙론의 정맥을 계승하였다. 따라서 녹문도 낙론
계열의 학자라고 볼 수 있다. 그의 사승(師承) 관계는 다음과 같다.3)

　　인조반정 이후, 사림은 퇴계를 종주로 하는 남인[영남학파]과 율곡을
종주로 하는 서인[기호학파]으로 정착된다. 그리고 서인은 노론과 소론
으로 분화되고, 노론은 다시 호론과 낙론으로 분기된다.

---

3) 손흥철, 위의 책, 26.

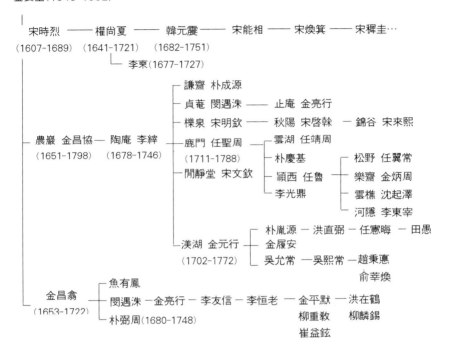

栗谷 李珥
|
金長生(1548-1652)
|
宋時烈 ── 權尙夏 ── 韓元震── 宋能相 ── 宋煥箕 ── 宋穉圭…
(1607-1689) (1641-1721) (1682-1751)
                    └─ 李柬(1677-1727)
                                    ┌─ 謙齋 朴成源
                                    ├─ 貞菴 閔遇洙 ── 止庵 金亮行
                                    ├─ 櫟泉 宋明欽 ── 秋陽 宋啓榦 ─ 錦谷 宋來熙
農巖 金昌協 ─ 陶庵 李縡 ─┤ 鹿門 任聖周   ┌─ 雲湖 任靖周
(1651-1798)   (1678-1746) ├─(1711-1788) ├─ 朴慶基   ┌─ 松野 任翼常
                                    └─ 閒靜堂 宋文欽 ├─ 潁西 任魯   ├─ 樂齋 金炳周
                                                      └─ 李光鼎   ├─ 雲樵 沈起澤
                                                                  └─ 河隱 李東宰
                                              ┌─ 朴胤源 ─ 洪直弼 ─ 任憲晦 ─ 田愚
                          ─ 渼湖 金元行 ─┤ 金履安
                              (1702-1772) └─ 吳允常 ─吳熙常 ─趙秉憲
                                                              俞莘煥
              ┌─ 魚有鳳
金昌翕 ─┤ 閔遇洙 ─金亮行 ─ 李友信 ─ 李恒老 ─ 金平默 ┐ 洪在鶴
(1653-1722) └─ 朴弼周(1680-1748)   柳重教   柳麟錫
                                      崔益鉉

위의 도표에 나타난 바와 같이 녹문의 학문적 사승 관계는 크게 보
아 율곡 이이(栗谷 李珥) → 사계 김장생(沙溪 金長生) → 우암 송시열(尤
庵 宋時烈) → 농암 김창협(農巖 金昌協) → 도암 이재(陶庵 李縡)로 이어
지는 기호학파[서인]의 노론에 속하며, 호락론(湖洛論)으로 말하면 낙론
(洛論)에 속한다. 그러나 30대 중반에 『맹자』〈생지위성장〉을 읽다가
낙론[외암]의 인물성동론에 대하여 비판적인 시각을 갖게 되었다. 그는
50세 때인 1761년 다음과 같이 술회한 바 있다.

10여 년 전[36-7세]에, 『맹자』〈생지위성장〉(生之謂性章)에서 명
도가 이기의 대원(大原)에서 성설을 논한 것을 우연히 읽고, 암묵적
으로 이해한 것이 있는 것 같았다. 그래서 비로소 외암 이간의 심에
대한 견해는 의심할 수가 없으나, 오히려 성에 대해서 논의한 것들은
심설과 모순되는 것이 많이 있음을 깨달았다.[4]

『맹자』〈생지위성장〉(生之謂性章)은 인물성이론의 전거가 된 문헌
이다. 그는 이 문헌을 다시 검토하고 반성적으로 성찰하여 낙론의 성론
에 대하여 회의적인 시각을 갖게 된 것이다. 이후, 녹문은 점차 호락양
론(湖洛兩論)을 지양하며 독자적인 노선을 걷게 된다. 그러므로 녹문의
성리설을 이해하기 위해서는 먼저 호락논쟁의 쟁점이 무엇인가에 대하
여 고찰해야 한다.

사단칠정논쟁과 호락논쟁은 조선 성리학을 특징짓고 있는 양대 논
쟁이다. 사단칠정논쟁에서는 정의 이발처(已發處)인 사단(四端)과 칠정
(七情)에 대한 논의가 주축인 반면, 호락논쟁에서는 미발처(未發處)의
심과 성을 어떻게 규정하고 설명할 것인가의 문제가 인성(人性)과 물성
(物性: 금수초목의 본성)의 규정문제로 확대되며 더 주의 깊게 탐구된 것
이다. 호락논쟁은 조선 전기의 사단칠정논쟁의 성과에 기반을 두고 있
다는 점에서 사단칠정논쟁의 심화라고도 할 수 있다.

호락논쟁은 농암 김창협(1651-1708)을 중심으로 한 낙학(洛學)과
수암 권상하(遂菴 權尙夏, 1641-1721)를 중심으로 한 호학(湖學)측 내부

---

4) 임성주, 『녹문집』 권3, 「答金幼道」(辛巳).

에서 그리고 이 두 학파 사이에서 일어난 집단적이며 지속적인 논쟁이
다.5) 낙학은 서울-경기지역을, 호학은 충청도 지역을 기반으로 하고
있었다. 그런데 철학적인 쟁점을 둘러싼 논쟁은 충청지역 학자인 권상
하의 문하생인 외암 이간(巍巖 李柬, 1677-1727)과 남당 한원진(南塘 韓
元震, 1682- 1751) 사이의 우연한 논변으로부터 촉발되었다.

　호락논쟁은 크게 보아 인물성동이논쟁(人物性同異論爭) · 미발심체
순선논쟁(未發心體純善論爭) · 성범심동이논쟁(聖凡心同異論爭)의 세 부
분으로 구성되어 있다. 6) 그런데 미발심체순선논쟁과 성범심동이논쟁
이 둘 다 미발심에 대한 논쟁이라는 점에서 이 둘을 합쳐 인물성동이논
쟁과 미발심체순선논쟁으로 규정되기도 한다.7)

　'인물성동이논쟁'은 사람의 본성과 타 존재[주로 금수초목]의 본성이
같으냐 다르냐를 다룬 것이고, '성범심동이논쟁'은 보통 사람들의 마음
과 성인(聖人)의 마음이 본질적으로 같으냐 다르냐에 대한 것이며, '미
발심체유선악논쟁'은 희로애락이 발동하기 이전 미발 상태에 선과 악
이 동시적으로 같이 있다고 보아야 하느냐 아니냐에 대한 것이다. 각
주제들은 상호 긴밀하게 맞물려지며 토론되었다. 호락의 성범심동이논

5) 문석윤,『호락논쟁: 형성과 발전』(동과서, 2006), 313.
6) 문석윤,「조선 후기 호락논쟁의 성립사 연구」, 서울대 박사학위논문, 1993,
　　7; 조성산,「18세기 호락논쟁과 노론 사상계의 분화」,『한국사상사학』8
　　(1997), 75.
7) 李楠永,「호락논쟁의 철학사적 의의」,『동양문화 국제학술회의 논문집』第
　　二回 (성균관대학교 대동문화연구원, 1980), 145; 裵宗鎬,『한국유학의 철
　　학적 전개(下)』(연세대학교 출판부, 1985), 64; 劉明鍾,『한국유학연구』
　　(이문출판사, 1998), 321.

쟁·미발심체순선논쟁은 성과 관련된 미발의 심을 깊이 있게 토론하는 과정에서 드러난 논의이고, 인물성동이논쟁은 미발심성의 '성' 부분을 집중적으로 논구하는 과정에서 이루어진 것이다.

외암과 남당의 학술 논쟁은 이후 조선학계에 급속히 퍼져 나갔다. 외암의 학설은 주로 낙하(洛下) 지역 즉 서울·경기 지역의 학자들이 주로 지지하여 낙론 또는 낙학파라는 명칭을 갖게 되었고, 남당의 학설은 호서(湖西) 지역 즉 충청 지역의 학자들이 주로 지지하여 호론 또는 호학파라는 명칭을 갖게 되었다. 호락논쟁을 촉발하고 이 논쟁에 적극 참여한 학자들은 율곡 계열의 노론 학자들이었다. 이러한 점에서 호락 논쟁은 노론 학계의 사상적 분화를 반영하는 논쟁이었다고도 할 수 있다.

1) 인물성동이론

이것은 '본연지성'의 동이(同異)에 관한 이론이다. 외암은 주자의 견해를 기준으로 하여, 본연지성은 모든 인/물이 동일하고 기질지성은 인간을 포함하여 모든 개체들이 각각 다르다고 주장하였다. 이것이 '인물성동론'으로 낙론의 기본 입장이다. 그러나 남당은 인/물의 본연지성이 다르다고 하는 파격적인 주장을 하였다. 그는 '잡기질'(雜氣質)의 기질지성 이외에, 본연지성을 '초형기'(超形氣)의 본연지성[人/物同]과 '인기질'(因氣質)의 본연지성[人/物異] 두 개로 나누어 보는 '성삼층설'을 주장하였다.[8] 전자는 인/물의 본연지성이 동일하며, 후자는 인/물의 본연지성이 다르다. 남당은 '인기질의 본연지성'을 실질적 의미의 본연지성으로 보고 인성과 물성이 다르다고 하는 '인물성이론'을 구축하였다. 이것이 호론의 기본 입장이다. 그러나 이 주장은 주자학의 체계에서 수용되기 어려운 것이다. 그러므로 남당은 새로운 이기론을 구축하여 이 문제에 대한 해결을 시도하고 있다.

남당은 『경의기문록』「태극도」 앞부분에 있는 〈도해〉에서, 리와 기의 관계에 세 가지 공식이 있다는 점을 전제로서 밝힌 바 있다.

> 리가 기 속에 있는 것에 대해서는 오직 '부잡'한 것으로만 말한 경우가 있고, 오직 '불리'한 것으로만 말한 경우도 있으며, '불리부잡'을 다 포괄하여 말한 경우도 있으니 또한 이것을 모르면 안 된다.9)

여기에서 남당은 주자학의 일반적 공식인 '불리'(不離: 리와 기는 현실 세계에서 시간적, 공간적으로 분리되지 않는다)와 '부잡'(不雜: 리와 기는 형이상학적, 가치론적으로 서로 섞이지 않는다) 이외에 제삼의 공식을 제안하고 있다는 사실에 주목해야 한다. 이 공식을 그의 '성삼층설'과 연계하여 도표화하면 다음과 같다.

---

8) 남당, 권3, 2: 有言萬物皆同之性者, 是則不犯形氣, 單指其理而言也, 所謂專以不雜言者也。有言人與物不同, 而人與人同, 物與物同之性者, 是則就氣中各指其氣之理, 而亦不雜乎其氣之善惡而言也。各指故人與物不同, 不雜故人與人同‘物與物同’而同爲可循之性也, 所謂並包不雜不離之意而言者也。有言人人不同, 物物不同之性者, 是則以理與氣雜而言之也, 所謂專以不離言者也。理一而已矣, 只在人將理氣離合看, 得出來有此不同耳。

9) 남당, 권3, 2: 理在氣中者, 有專以不雜言者, 有專以不離言者, 有並包不雜不離之意而言者, 此又不可不知也。

제1 공식 : 不離 [兼指理氣: 人人不同, 物物不同之性 = '雜氣質'의 기질지성]
제2 공식 : 不雜 [單指其理: 萬物皆同之性 = '超形氣'의 본연지성]
제3 공식 : 並包不雜不離 [各指其理: 人與物不同, 而人與人同, 物與物同之
性 = '因氣質'의 본연지성]

여기에서 셋째 경우의 성이 남당이 말하는 실질적 의미의 본연지성
인데, 이것은 인간과 금수초목 등 각 종 내부 경우는 동일하지만, 각 종
들 사이의 본연지성은 다르다. 이것이 호론의 인물성이론이다.

2) 미발론

미발론의 초기 쟁점은 '희로애락이 미발한 상태에 기질지성이 있는
가?'라는 것이었다. 남당은 '미발에서도 기질지성은 존재한다'라고 주
장한다. 그는 '리기불리'(理氣不離)의 원칙과 '리가 기에 내재되어야 비
로소 성이 된다'는 주자학의 기본이론에 의거하여 이론을 전개한다. '성'
이라는 개념에는 기가 전제된다. 미발에서도 그 기는 존재하기 때문에
기를 '겸지'(兼指)하면 기질지성이 되고, 리만을 '단지'(單指)하면 본연
지성이 된다. 그러므로 미발의 상태에서도 본연지성/기질지성은 존재
한다. 다만 기가 작용[用事]하지 않아 리에 영향을 미치지 않기 때문에
'리의 선함'만을 볼 수 있다는 것이다. 이 주장을 외암은 다음과 같이
비판하였다.

그렇다면 이른바 미발이란 바로 기가 아직 작용하지 않은 때입니다.

이른바 '맑고 탁하고 순수하고 잡박한 것[氣]'이 이때에는 아직 정의
와 조작이 없어서 맑게 순수하고 한결같아 역시 선할 따름입니다. 이
자리가 바로 치우치거나 기울어지지 않고 두루 바르고 마땅한 본연의
이치를 단지하기 좋은 곳입니다. 그런데 왜 꼭 작용하지 않는 기를
겸지하여 말씀하시는지요?10)

외암은 미발의 기를 '담연순일(淡然純一)하여 선할 뿐이다'라고 강조
한다.

기에 대한 외암의 인식은 그가 '본연지기'(本然之氣), '기지본연'(氣之
本然)을 제시하면서 한층 강화된다.

내가 하늘이 부여해준 영(靈)에 힘입어 혹시 살아있을 때 삽시간이
라도 마음[方寸]이 맑아져, 혼미하여 동요하는 기가 없어진다면 박
잡하고 혼탁한 것이 맑아져 순수한 '본연의 기'로 되돌아갈 것이고 따
라서 미발의 경지를 깨달을 수 있을 것입니다.11)

'본연지기'는 율곡이 제시한 개념이다. 그는 "본연지기는 없는 경우
가 많다"고 말한 바 있는데, 남당은 이 구절을 가지고 외암을 비판하였
다. 그러나 외암은 '본연지기가 자연계에는 없는 곳이 많지만 인간에게

---

10) 李柬,『巍巖遺稿』권7,「與崔成仲 (己丑)」, 1: 然則所謂未發, 正是氣不用事時
也。夫所謂淸濁粹駁者, 此時無情意無造作, 澹然純一, 亦善而已矣。此處正好
單指其不偏不倚·四亭八當底本然之理也, 何必兼指其不用事之氣而爲言乎?

11) 李柬, 위의 책, 권7,「答韓德昭別紙 (壬辰)」, 12: 使柬賴天之靈, 或於一生之內,
霎時之頃, 方寸湛然, 無一分昏擾之氣, 則竊意卽此駁濁者澄然, 純於本然之氣,
而未發之境, 始可與聞於此。

는 있다'는 의미로 해석하여 자기 주장의 논거로 삼는다.12)

외암에게는 미발의 기는 '본연지기', 즉 '순청지수'(純淸至粹)한 기이
다. 이것은 성인/범인이 다르지 않다. 그는 이 '본연지기'를 기반으로
'리와 기가 동일하게 실하고 심과 성이 일치한다'[理氣同實 心性一致]는
파격적 명제를 주장한다.

> 이른바 실사라고 하는 것은 '리와 기가 동일하게 실하고 심과 성이 일
> 치'되어야만 비로소 '실사'라고 말할 수 있다. 왜냐하면 대개 이미 요
> 순의 성이 있고, 반드시 요순의 심이 있고 난 뒤에야 바야흐로 요순
> 이 되었다고 할 수 있으니 이것이 실사이다. 저 도척과 장교는 유독
> 그 성이 없겠는가? 그 심이 요순이 아니기 때문에 도척과 장교에서
> 그친 것이다. 어찌 그 성이 요순과 같다고 해서 도척과 장교를 끌어
> 와 요순의 지위로 끌어올릴 수 있단 말인가? 이것은 실사가 아님이
> 분명하다.13)

'리와 기가 동일하게 실하다'[理氣同實]는 것은 '기가 바르고 통하면
리도 바르고 통하며, 기가 치우치고 막히면 리도 치우치고 막히는 것'이
다. '심과 성이 일치한다'[心性一致]는 것은 '본심을 보존하면 천리가 밝

---

12) 같은 책, 권12,「未發有善惡辨」, 24: 栗翁若言本然之氣, 都無所在則已, 今日多
　　有不在, 則其在者將誰先於人哉.
13) 같은 곳: 所謂實事, 則必待夫理氣同實, 心性一致, 然後方可謂實事. 何者? 蓋
　　既有堯舜之性, 又必有堯舜之心, 然後方喚做堯舜, 此實事也. 彼跖蹻者, 獨無
　　其性哉. 其心非堯舜, 故跖蹻而止, 豈可以其性之堯舜, 而引跖蹻蹻堯舜哉. 其
　　非實事也亦明矣.

아지고 본심을 잃어버리면 천리도 사라지는 것'이다. 구체적으로 말하면 요순과 같은 성인의 마음을 가지고 있어야 비로소 선한 인간의 본성이 실현되어 실질적인 성인이 될 수 있다. 성인의 순선한 마음은 본연지기로 구성되어 있기 때문에 본성을 조금도 엄폐하지 않는다. 그러므로 심과 성이 실질적으로 일치하게 되는 것이다. 외암은 성과 도라는 형이상학적 존재는 심[氣]이라는 현실적 매체에 의하여 구현된다는 점을 더없이 강조하였다.

3. 녹문 성리학설의 요체

1) 기상언지(氣上言之)의 방법론

녹문의 성리설은 지금까지 크게 다섯 방향에서 연구되어 왔다. 첫째로 녹문 사상은 전통적 주자학의 범위 내에서 주기적(主氣的) 경향에 속한다는 견해, 둘째로 이천(伊川)─주자(朱子)─퇴계(退溪)의 흐름을 주리적(主理的)으로, 명도(明道)─정암(整庵)─율곡(栗谷)의 흐름을 주기적(主氣的)으로 이해하고 녹문은 주기적 흐름에 속한다는 견해, 셋째로 송대 이후의 유학을 이학(理學)·심학(心學)·기학(氣學)으로 구분하고 이중 청대의 기학이라는 독립된 학문에 녹문이 속해있다는 견해, 넷째로 화담(花潭)의 기일원론 유물론(氣一元論的 唯物論)을 계승하여 18세기 성리학의 주리론(主理論) 및 주기론(主氣論)에 반대한 기일원론적 유물론(氣一元論的 唯物論) 철학이라는 견해, 다섯째로 녹문의 성리설을 주기론이나 기일원론·기학·유기론 등으로 분류하는 위의 네 학설들을 비판하며 조선조 전통 주자학의 연장선상에 있는 논의라는 견해가 있다.

다까하시가 주기학설의 절정으로 녹문을 지목한 이래,[14] 그의 학설은 주기론 발전의 총결산인 유기철학으로 규정되어 왔다.[15] 특히 그의 '기일분수설'(氣一分殊說)은 '리의 보편적·절대적 존재성을 부정한 것이며, 정통적인 주자학에 반대하는 것',[16] '종래 이일분수에만 젖어 있던 이학자에 대항하여 주장된 혁신적 창견'[17] 등으로 평가되었다.

'기일분수'라는 말은 「녹려잡지」의 다음 문장에 단 한 번 나타난다.

'이일분수'는 리를 주로 하여서 말한 것이니 '분'(分)자도 또한 마땅히 리에 속하는 것이다. 만약에 기를 주로 하여 말한다면 '기일분수'라고 해도 또한 옳지 않음이 없을 것이다.[18]

이 글에서 알 수 있는 바와 같이 '기일분수'는 '이일분수'를 부정하거나 대체하려는 명제가 아니라 '이일분수'의 의미를 더 부각시키기 위하여 대비적으로 제시된 데에 불과하다.

---

14) 다까하시, 앞의 책.
15) 배종호, 위의 책, 702; 유명종, 『한국철학사』(일신사, 1979), 235.
16) 유명종, 위의 책, 236.
17) 정인재, "임녹문의 기학", 『한국사상』 17 (1980), 170.
18) 『鹿門集』 권19, 「雜著」, "理一分殊者 主理而言 分字亦當屬理 若主氣而言 則曰 氣一分殊亦無不可矣."

A. '이지일'(理之一)이 대저 '기지일'(氣之一)에 즉하여서 드러난다
  는 것을 알지 못한 것이다.[19]
B. 참으로 '기지일'이 아니면 무엇으로부터 그 리가 반드시 하나임
  을 알겠는가.[20]

위의 주장들은 '기상언지'(氣上言之)의 방법론에 의거한 것으로 '기일'
이 '이일'의 근거임을 주장하는 것이 아니다.[21] 녹문은 다음과 같이 말
한다.

A. 원기(元氣)는 리에 근거한다.[22]
B. 리로부터 말하면 리가 본래 순수하므로 기가 절로 순수하며, 기
  를 좇아 말하면 기가 순수한 즉 리가 순수하다. (만약) 리가 순
  수하지 않다면 기가 참으로 절로 순수할 수 없고 기가 순수하지
  않다면 리만이 장차 공중에 매달려 홀로 순수하단 말인가.[23]

이 문장들을 검토해 볼 때에 그를 리의 실재성을 부정한 주기론자·
유기론자로 규정하는 기존 연구물이 어느 정도의 오류를 범하고 있는
가를 가늠할 수 있다.

---

19) 위의 책, "不知理之一卽夫氣之一而見焉."
20) 위의 책, "苟非氣之一 從何而知其理之必一乎."
21) 홍정근, 「녹문 임성주의 이기론 연구」, 성균관대 석사학위논문, 1993, 75-77
    참조.
22) 『鹿門集』 권5, 「與李伯訥」, "其元氣根扵理."
23) 『鹿門集』 권5, 「答李伯訥」, "自理而言則理本純故氣自純 從氣而言則氣之純卽
    理之純 理不純則氣固無自以純矣 氣不純則理將縣空而獨純乎."

2) 성론

앞에서 언급한 바와 같이, 녹문은 30대 중반에 『맹자』〈생이위성장〉에서, 본연지성·기질지성의 분류와 관련된 중요한 깨달음을 얻었다. 그는 이 장을 오랫동안 연구한 끝에, 개와 소와 사람의 성이 곧 '생지위성'(生之謂性: 선천적으로 타고난 것을 성이라고 한다)의 성이고, '생지위성'의 성이 곧 버드나무와 여울물의 성이고, 버드나무와 여울물의 성이 곧 성선(性善)의 성이라는 것을 깨달았다.[24] 녹문은 개와 소와 사람의 성, '생지위성'의 성, 버드나무와 여울물의 성, 성선의 성을 동일한 관점에서 일관되게 진술되고 있는 성으로서 인식하게 되었던 것이다. 주자학자들은 대체로 『맹자』에 나오는, 고자(告子)의 '생지위성'의 성을 기질지성으로, 성선의 성을 본연지성으로 이해하고 있다. 다음의 글들을 검토해 보자.

> 『맹자』〈생지위성〉(生之謂性) 한 장에 있는 이들 여러 성(性) 자를, 만약 기질지성으로 인식한다면, 끝내 문리가 통하지 않을 것이며 말이 되지 않을 것이다.[25]

---

24) 『鹿門集』卷6,「答金伯高」, 2-3: "孟子生之謂性一章 … 諷誦數四 則便見得所謂犬牛人之性卽是生之謂性之性 生之謂性之性卽是杞柳湍水之性 杞柳湍水之性卽是性善之性 從頭至尾 元只是一箇性字 更無二語."

25) 『鹿門集』卷3,「與櫟泉宋兄」, 1: 大抵孟子生之謂性一章 此諸性字 若認作氣質之性則終不成文理 不成說話.

녹문이 〈생지위성장〉의 여러 성을 본연지성의 측면에서 이해하게
되었음을 알 수 있다. 이러한 녹문의 견해는, "그렇다면 녹문 철학에서,
기질지성은 전혀 인정되지 않는 것인가?"라는 의문을 낳게 한다. 이에
대한 대답은 다음 글에서 찾을 수 있다.

> 기질지성 네 자는 정자(程子)와 장자(張子)로부터 기인한 것인데,
> 본래 모두가 발현한 뒤에 나아가서 말하였다.[26]

위의 예문은 기질지성을 발현한 뒤의 성, 즉 이발(已發)의 차원에 이
르러서야 비로소 언급될 수 있는 성으로 인식하고 있다. 녹문은 자신의
주장을 정당화하기 위해 정명도(程明道)[27] · 주자(朱子)[28] · 율곡(栗
谷)[29] 등의 성론을 예로 들며, 이들이 모두 기질지성을 발현한 뒤에야
말할 수 있는 성으로 여겼음이 틀림없다고 주장하였다. 녹문은 모든 존
재자의 성은 본질적으로 본연지성이며, 기질지성은 이발의 차원에서
야 언급될 수 있는, 이차적으로 파생된 비본질적인 성이라고 보았던
것이다. 녹문은 본연지성과 기질지성을 명확히 구분하고 있었다고 할

---

26) 『鹿門集』卷5,「與李伯訥」, 10: 大抵氣質之性四字 起自程張 本皆就發後言之.
27) 『鹿門集』卷5,「與李伯訥」, 10: 大抵氣質之性四字 起自程張 本皆就發後言之
　　如近思錄所載明道論性說(鹿門註: 生之謂性一條) 上下語意 尤明白無可疑.
28) 『鹿門集』卷26,「心性雜詠三十六首」, 13-14; 卷21,「題跋」, 14: 朱子論程子
　　所說才字 以爲正張子所謂氣質之性 而其釋才字則曰人之能 曰發於性 是其以
　　氣質之性 就發後言之者明矣.
29) 『鹿門集』卷21,「題李敬思遺牘後」, 16; 卷26,「心性雜詠三十六首」, 14: 栗翁
　　之意 亦以氣質之性就發後言之者 明白無疑.

수 있다.

　미발의 성을 본연지성으로 이해하고자 한 녹문의 견해는, 율곡의 이통기국설(理通氣局說)을 비판하며 새로운 관점의 통국론(通局論)을 구축하고 있는 것과 상호 연관성이 있다. 그는 다음과 같이 언급한 바 있다.

　　통(通)·국(局) 두 글자는 반드시 이기(理氣)에만 분속 되는 것이 아니다. 대개 그 일원처(一原處)로부터 말하면, 다만 리가 일(一)일 뿐만이 아니라 기도 또한 일(一)이니, 일(一)은 곧 통(通)이다. 그 만수처(萬殊處)로부터 말하면, 다만 기가 만(萬)일 뿐만이 아니라 리도 또한 만(萬)이니, 만은 곧 국(局)이다.30)

　녹문은 통(通)·국(局)이 각각 리와 기에만 분속되어 이통(理通)·기국(氣局)만이 성립되는 것이 아니라, 기가 통(通)이면 리도 통이고, 기가 국(局)이면 리도 국(局)이라고 주장하고 있다. 녹문은 이기의 관계를 불리(不離)·부잡(不雜)의 관계로 파악하고 있다. 따라서 새로운 통국론은, 일원·분수처에서 상호 불리·부잡의 관계를 맺고 있는 이기가,31) 일원처에서는 이통[理一]·기통[氣一]으로, 분수처에서는 이국[理萬]·

---

30) 『鹿門集』 卷19, 「鹿廬雜識」, 7: 通局二字 不必分屬理氣 盖自其一原處言之 則不但理之一氣亦一也 一則通矣 自萬殊處言之 則不但氣之萬理亦萬也 萬則局矣.

31) 『鹿門集』 卷20, 「金幼道一原分殊說籤」, 36-37: 以其不離乎氣者言之 則不但分殊爲不離 一原亦不離也 以其不雜乎氣者言之 則不但一原爲不雜 分殊亦不雜也.

기국[氣萬]으로 드러나는 특성을 반영하고 있는 것이라고 할 수 있다. 일원처의 이통·기통은, 분수처의 이국·기국을 정초하는 역할을 수행하고 있다. 리의 보편성뿐만 아니라 기의 보편성까지 드러내 놓고 논하고 있는 녹문의 이기관은, 조선의 성리학자들에게서는 좀처럼 찾아보기 힘든 매우 독특한 견해라고 할 수 있다.

녹문철학에서 이일과 분수의 긴밀한 연결은, 이일(理一)의 측면에서 보아도 본연지성이고 분수(分殊)의 측면에서 보아도 본연지성이라는 논의로 발전하고 있다. 즉 이일의 측면에서 논하면 인·물의 본연지성이 '동'(同)의 특성을 띠게 되지만, 분수의 측면에서 논하면 인·물의 본연지성이 '이'(異)의 특성을 띠게 된다는 것이 녹문의 주장이다.32) 이는 곧 분수의 성에는 인물성동(人物性同)과 인물성이(人物性異)의 두 측면이 동시에 겹쳐 있다는 것이다. 녹문은 여전히 정통 주자학자들과 마찬가지로 이일분수(理一分殊)의 틀 내에서 성을 논의하고 있으나, 인물이(人物異)의 본연지성을 주장하는 호론(湖論)과도 다르고 인물동(人物同)의 본연지성을 주장하는 낙론(洛論)과도 다른 매우 독특한 성론을 전개하고 있었다고 할 수 있다. 그는 호론에 대해, '인기질의 성'과 '초형기의 성'을 이물(二物)로 보는 폐단이 있다고 보았다. 또한 낙론의 본연지성론에 대해, '눈금 없는 저울'이나 '칫수 없는 자'와 같이 공허(空虛)하다고 보았다. 이들이 기질지성으로 처리하고 있는 '각일기성'(各一其

---

32) 『鹿門集』 卷19, 「鹿廬雜識」, 25-26: 今以理之一者爲本然 而萬者爲非本然 則是其所謂渾然者 將儱侗都無一物; 上同, 「鹿廬雜識」, 29: 一原分殊 同一地頭 曰同 曰異 無非本然.

性)을 본연지성으로 보고, '각일기성'에 인물동의 본연지성이 겹쳐 있다
고 보아야 비로소 올바른 본연지성론이 성립된다고 보았다. 녹문은 성
에는 동이(同異)의 속성이 동시에 겹쳐 있다는 주장을 바탕으로, '성즉
리'(性卽理)를 '성동'(性同)의 의미로만 해석해서는 안 되고 '성이'(性異)
의 측면으로도 해석해야 한다고 주장한 것이다.

3) 이기동실 심성일치(理氣同實 心性一致)와 심학화 경향

녹문 이기론의 핵심은 다음 문장에서 잘 드러나는 바와 같이 리와
기가 동일하게 실(實)함을 주장하는 데 있다.

> 이기를 논하면 반드시 이기동실 심성일치(理氣同實 心性一致)로
> 써 종지를 삼는다.33)

기의 본체를 '담일'하다고 보는 것은 낙학파의 공통된 견해이다.34)
이와 같은 견해를 발전시켜 '이기동실 심성일치'를 새로운 관점에서 주
장한 것이다. 그의 학설은 이백눌(豊墅 李敏輔, 1720-1799)의 편지에 대
한 답서35)에 잘 나타나 있다. 먼저 '담일'에 대하여 질문한 편지에 대하

---

33) 위의 책, 「答李伯訥」, "論理氣 則必理氣同實心性一致爲宗旨."
34) 李縡, 『陶庵集』 권10, 「答尹瑞膺(鳳九)心性辨問 (乙卯)」, 13: 然氣之爲物, 雖
　　有淸濁粹駁之不同, 其本則湛一而已.矣 心又氣之精爽, 而又合理而言, 之 則不
　　可專著一氣字. 故其本體之湛然, 則聖人衆人一也, 於未發時, 可見.
35) 任聖周, 『鹿門集』 권5, 「答李伯訥」, 4-6.

어 다음과 같이 대답한다.

  1.1 하늘이 만물을 낳을 적에, 하나에 근본을 두게 하는데 하나의
      근본[一本]이란 '리의 하나[理之一]'만이 아니라 기도 또한 하나
      이다. 이른바 '담일'은 기의 근본이 이것이다.[36]

  1.2 인간은 음양오행의 수기를 품부 받아 태어나기 때문에 마음이
      비어있고 통한다. 이 비어있고 통하는 마음에 즉하여 담일한 전
      체가 밝게 드러나 천지와 통한다. … 담일의 본색은 미발의 시
      점에서 인식된다.[37]

   또한 '성선(性善)은 기선(氣善)에서부터 유래한다'[38]는 문제에 대하
여 질문을 받자 녹문은 다음과 같이 대답한다.

  2.1 리로부터 말한다면 리가 본래 순수하기 때문에 기가 스스로 순
      수하고, 기로부터 말한다면 기의 순수함이 곧 리의 순수함이다.
      리가 순수하지 않다면 기는 본래 스스로 순수함이 없고, 기가
      순수하지 않다면 리가 허공에 매달려 홀로 순수하겠는가?[39]

---

36) 같은 책, 권5, 4: 天之生物, 使之一本, 一本者, 不但理之一, 氣亦一也, 所謂湛
    一氣之本是也.
37) 같은 곳: 人稟二五之秀氣以生, 故方寸空通, 卽此空通, 湛一全體, 呈露昭著, 與
    天地通, … 湛一本色 當於未發時認取.
38) 같은 책, 권5, 5: 性善, 由氣善之說.
39) 같은 곳: 自理而言, 則理本純, 故氣自純. 從氣而言, 則氣之純, 卽理之純, 理不
    純, 則氣固無自以純矣. 氣不純, 則理將縣空, 而獨純乎?

2.2 이기를 논한다면 반드시 '이기동실 심성일치'로서 종지를 삼아
야 한다. 마음의 허령통철은 기의 담일로부터 말미암아 나타나
고, 성의 인의예지는 마음의 허령으로써 드러나니 내외가 소융
하고 본말이 통연하다.40)

1.1에서는 근본이 '이일'(理一)인 동시에 '기일'(氣一)이라는 점을 강
조한다. 앞에서 언급한 바와 같이, 녹문은 '이일에는 기일이 대응되고
이분수(理分殊)에는 기분수(氣分殊)가 대응된다'고 하여 '이일분수'에
대응되는 '기일분수'를 주장하였다. 즉 '이일'(理一)이 있으면 반드시 '기
일'(氣一)이 있고, '이분수'가 있으면 반드시 '기분수'가 있다는 것이다.
그러므로 근원적인 리에는 근원적인 기가 반드시 대응되는데 그 기가
바로 '담일'한 기이다. 마음은 바로 이 기로 이루어져 있으며, 그 본색은
미발의 시점에서 확인된다. 형이상학적 입장에서 말한다면 리의 순수
함이 기의 순수함을 보장해 준다. 하지만 현실적 관점에서 본다면, 이
담일한 기의 존재야말로 리의 순수함을 보장해 주는 매개체이다. 인의
예지라는 본성[理]의 도덕성은 바로 이 기로 이루어진 허령한 마음에
의하여 현실세계에 드러난다. 이것이 바로 '이기동실 심성일치'인 것
이다.

'담일'을 핵심으로 하는 녹문의 학설은 동생인 임정주(雲湖 任靖周,
1727-1796)에게 보낸 편지41)에서도 잘 드러난다. 이 글에서 녹문은

---

40) 같은 책, 권5, 6면 : 論理氣, 則必以理氣同實, 心性一致, 爲宗旨. 心之虛靈洞徹,
由氣之湛一而見. 性之仁義中正, 以心之虛靈而著, 內外昭融, 本末洞然.
41) 任聖周, 위의 책, 권11, 「答舍弟穉共 (丁未八月)」, 18-20면.

'담일'을 '원본조종'(元本祖宗)으로 규정하고,[42] 마음을 '담일의 신령함'
이라고 주장한다.[43] 그리고 기의 담일함을 논거로 하는 심선설과, 리
의 진실함을 논거로 하는 성선설의 대립에 대하여 질문받았을 때 "심의
체단을 전적으로 말하면 마땅히 신명·영각 등의 글자를 써야 하며 그
덕을 아울러 논한 뒤에 '심선'이라고 말할 수 있다. 비록 선이라는 글자
를 썼지만 이미 이것은 심성이 합쳐진 것이니 심과 성은 본래 하나의
존재이다"[44]라고 하여 심과 성을 본래 하나인 존재로 파악하였다.

　녹문은 '이기동실 심성일치'를 '이기일치'(理氣一致) '심성동실'(心性
同實)로 문장을 바꾸어 표현하기도 한다.

　　이일(理一)로서 보면 심도 같고 성도 같다. 분수(分殊)로서 보면
　　심도 다르고 성도 다르다. 이것이 바로 '심성동실' '이기일치'이다.[45]

　이것은 '이일분수'와 '기일분수'의 일치를 토대로 심과 성의 일치를
주장한 것이다. 여기에서 '성선'과 '심선'이 일치하게 된다. 심선을 현실
적으로 가능하게 해주는 것은 바로 심을 구성하고 있는 '담일'한 기인
것이다.

---

42) 같은 책, 권11, 18면 : 湛一, 爲元本祖宗.

43) 같은 곳 : 元來心, 只是湛一之神靈耳.

44) 같은 책, 권11, 19: 專言心之體段, 卽但當下神明靈覺等字; 並論其德然後, 乃可
　　曰心善. 縱下善字, 已是合心性, 蓋心性元只是一物.

45) 같은 책, 권6, 「答金伯高 癸未冬」, 12: 以理一, 則心亦同性亦同; 以分殊, 則心亦
　　異性亦異. 此正所謂心性同實, 理氣一致者.

'심선'이라는 명제는 '성=무불선, 심=유선악'이라는 주자학의 기본 이론과 양립하기가 쉽지 않다. 이것은 외암과 녹문의 성리학이 주자학의 범위를 아슬아슬하게 벗어나 심학화되는 방향으로 발전하고 있음을 보여주고 있는 것이다.46)

---

46) 최영진,『한국성리학의 발전과 심학적 실학적 변용』(문사철, 2017), 257-259 참조.